特色课程建设丛书

丛书主编　杨四耕

潘红星 等◎著

指向核心素养培育的学校课程图谱

华东师范大学出版社

·上海·

图书在版编目(CIP)数据

指向核心素养培育的学校课程图谱/潘红星等著. —上海:华东师范大学出版社,2022

(特色课程建设丛书)

ISBN 978 - 7 - 5760 - 2624 - 5

Ⅰ.①指… Ⅱ.①潘… Ⅲ.①素质教育−课程建设−研究−高中 Ⅳ.①G632.3

中国版本图书馆 CIP 数据核字(2022)第 032299 号

特色课程建设丛书

指向核心素养培育的学校课程图谱

丛书主编　杨四耕
著　　者　潘红星 等
责任编辑　刘　佳
项目编辑　林青荻
特约审读　郑　月
责任校对　王丽平　时东明
装帧设计　卢晓红

出版发行　华东师范大学出版社
社　　址　上海市中山北路 3663 号　邮编 200062
网　　址　www.ecnupress.com.cn
电　　话　021 - 60821666　行政传真 021 - 62572105
客服电话　021 - 62865537　门市(邮购)电话 021 - 62869887
地　　址　上海市中山北路 3663 号华东师范大学校内先锋路口
网　　店　http://hdsdcbs.tmall.com

印 刷 者　常熟市文化印刷有限公司
开　　本　787×1092　16 开
印　　张　12
字　　数　111 千字
版　　次　2022 年 7 月第 1 版
印　　次　2022 年 7 月第 1 次
书　　号　ISBN 978 - 7 - 5760 - 2624 - 5
定　　价　42.00 元

出 版 人　王　焰

(如发现本版图书有印订质量问题,请寄回本社客服中心调换或电话 021 - 62865537 联系)

丛书总序　走向课程自觉

　　这是一个焦虑的时代,每一个人都忙忙碌碌;这是一个无坐标的时代,很多人都不知身处何方;这是一个看不见路的时代,大家都不知该如何去面对新的情境;这是一个感觉模糊的时代,对很多事我们缺乏了应有的自觉和反思。

　　面对这样一个时代,我们需要有起码的文化自觉。在费孝通先生看来,文化自觉是生活在一定文化历史圈子里的人对其文化有"自知之明",并对其发展历程和未来有充分的认识。换言之,文化自觉就是文化的自我觉醒、自我反省和自我创建。

　　要提升学校课程品质,实现立德树人根本任务,文化自觉是不可或缺的。在我看来,课程领域的文化自觉就是课程自觉,它是人们基于对课程的理性认识,为着课程品质的提升而有清晰的目标意识和科学的路径观念,自觉参与课程变革实践的理性之思与理性之行。

　　课程自觉是一种有密度的自觉,它不是一个简单概念,而是一种思想、一种行动、一种文化,包含课程自知、课程自在、课程自为、课程自省以及课程自立等基本构成。推进特色课程建设,我们需要怎样的课程自觉呢?

　　1. 清晰的课程自知。课程自知是人们对特定课程情境的自觉理解,对课程理念和愿景的清晰判断,对课程内容和框架的基本认识,对课程实施路径和方位的整体把握。认识课程,认识自我,这不是一件容易的事。对一位校长来说,课程自知意味着对学校课程规划的整体理解,自觉研判学校文化与课程建构的关系、育人目标与课程架构的关系、资源调配与课程实施的关系;对一位教师来说,课程自知意味着对学科课程群建设的自觉思考,自觉跳出"课程即科目""课程即教学内容"等狭隘的课程观,建立与立德树人要求相适应的崭新课程观。

　　2. 透彻的课程自在。萨特说:存在先于本质。他曾将存在分为自在的存在和自为的存在,自在的存在是物体同其本身等同的存在,自为的存在是同意识一起扩展的存在。课程自觉需要深刻理解课程自在的文化,需要完整把握课程自在的处境,需要清晰认识课程变革的制度环境和现实可能,进而意识到哪些是可为的,哪些是不可为的;哪些是必须做的,哪些是可选择的;哪些是自己即可为的,哪些是需要制度支持的。

3. 积极的课程自为。按照萨特的观点,自为的存在是自我规定自己存在的。意识是自为的内在结构,自为的存在就是意识面对自我的在场。对课程变革而言,课程主体按照课程发展规律,通过自身的自觉行为和实践实现课程品质的提升,就是课程自为。课程自为意味着我们对课程自在的不满足,意味着我们开动脑筋思考课程变革的空间,意味着我们通过直面本己的课程实践培育新的课程文化,意味着我们在积极的卷入中推进课程深度变革。

4. 深刻的课程自省。课程自省即课程反思。杜威(1933)曾将反思解释为"思,我所思(thinking about thinking)",他鼓励专业人士审思每一个专业判断之下的潜在逻辑。课程变革是一种反思性实践,需要对实践进行反思,再将反思带到新的实践中去。反思性实践是一种主动且持续地审视理论、信念和假设的过程,它可以帮助我们在课程实践中更好地理解自我与他人,选择合适的方式应对可能的情境。课程反思是凌驾于思维之上的更高层次的反思。当你站在既定的框架里去检查这些规则的时候,是无法发现这些规则的问题的;如果你可以跳脱出来,不带评判和预设地去分析这些规则,其中的不妥之处就会被你看到。课程反思是一种能力,当你掌握了这项能力的时候,你就像"觉醒"了一样,一样的世界,你却会有不一样的"看法"。这就是哈贝马斯所谓的"沟通理性"概念,提升课程品质特别需要这样一种理性:反省、批判和论证。

5. 持守的课程自立。《礼记·儒行》:"力行以待取。"每一个人只有在自己的行动中,才能发现自己,才能向世界宣布他具有怎样的价值。课程自立是一个人认识到课程变革是自己的事,要有自己的立场、自己的创见,自持自守,不为外力所动,不随波逐流,进而"回到粗糙的地面"(维特根斯坦语),自觉参与到课程变革中来。课程自立本质上是在课程自知、课程自在、课程自为以及课程自省的作用之下,依靠自己的自觉和力量对课程实践有所贡献,并在此过程中逐渐提升自己的课程能力和专业成熟度,确证自己的"课程人"地位,成为"自己的国王"。

当我们有了清晰的课程自知、透彻的课程自在、积极的课程自为、深刻的课程自省以及持守的课程自立的时候,我们便作为"有创见的主体"主动地介入到课程设计、实施、评价与管理的全过程之中了,学校课程深度变革便自然而然地发生了。

费孝通先生说:"文化自觉是一个艰巨的过程。"让课程意识从"睡眠状态""迷失状态"到"自觉状态",也是一个艰难而痛苦的过程。可喜的是,本套丛书的作者秉持课程自觉之精神,聚焦特色课程建设,在课程自知、课程自在、课程自为、课程自省和课程自立方面掘进,迎来了课程变革的新境界!

杨四耕

2020 年 7 月 3 日于上海市教育科学研究院

目　录

第一章　现代商业素养培育与学校课程图谱　/ 1

现代商业素养关乎个人发展、家庭幸福、社会稳定和国家安全。学校现代商业素养培育特色课程图谱从一元课程图谱发展到多元课程图谱,形象直观地呈现了学校教育理念和课程建设成果。

第二章　财经素养培育与年级课程图谱　/ 29

高中阶段落实财经素养培育显得尤为重要和必需。以此为聚焦点,学校由高中财经融合课程体系引领,通过三大策略穿针引线,把财经素养培育与年级课程图谱进行融合、实践及探究,致力于财经素养的培育。

第三章　核心素养培育与馆校合作科学诠释课程图谱　/ 63

如何在博物馆里体验科学诠释? 馆校合作科学诠释课程图谱在实现对学生综合能力的培养,促进学生认知、思维、能力、情感全面协调和核心素养的发展中发挥重要作用。

第四章　初中学生综合实践活动课程图谱　/ 87

学校从劳动教育、安全教育、职业体验和志愿服务等方面统筹育人资源,创新育人方式,构建初中学生综合素质实践活动的课程图谱,引导学生在社会实践中感知责任,增强体验。

第五章 核心素养培育与生涯规划课程图谱 / 119

构建校本的生涯规划教育课程图谱,将生涯规划教育与学校教育教学内容、主题活动、管理机制等有机融合,培养、提升学生的自我规划能力、抗挫折能力和团结协作能力,为学生实现自我发展与终身发展助力。

第六章 学科核心素养培育与学科课程图谱 / 143

在学科课程建设中引入课程图谱,可以实现课程从分散无序到有序整合,可以有效促进系统地实施课程设置,确保科学、规范地建立课程架构,提升学校课程建设质量。

序

　　《指向核心素养培育的学校课程图谱》一书即将问世，这是上海市澄衷高级中学潘红星校长领衔的"双名工程"种子基地8位学员，历经近三年实践探究后形成的一份课题研究报告。透过这一研究成果，我们不仅可以看到课题组老师们在课题研究上付出的辛勤劳动，更可以感受到"种子基地"的主持人和成员们在自身专业发展和队伍建设方面不懈的追求精神。

　　教师专业发展通常有三条途径。第一条途径是依靠自然积累；第二条途径是进行有计划的业务学习，教师可以开拓视野，获得新的理念，明显加快专业发展速度，提高发展水平；第三条途径是进行针对教育中实际问题解决的探索性实践，这条途径既包含了经验的不断积累，同时也重视理论学习，更关注联系实际的、着眼于问题解决的研究，将学习研究和教育实践紧密结合起来，重视提升实践智慧，增长教育才干，因而教师的专业发展速度较快，能够达到的层次也比较高。潘红星校长领衔的"种子基地"团队"基于核心素养培育的课程图谱建构与实施研究"课题的实施，就是让学员在探索性实践中成长，体现了立意高远的目标追求，并取得了较理想的效果。

　　"课程图谱"是以图文融合的形式呈现课程系统的结构与实施路径的可视化工具。它既是图形、图像等教育技术发展到一定阶段的产物，也是教育发展到一定高度，需要用图谱来物化教育理念的产物。潘红星"种子基地"团队在"核心素养培育"课程建设中引入课程图谱，实现了课程从分散无序到有序整合，可以有效促进系统地实施课程设置，确保科学、规范地确立课程框架，从而提升课程建设的质量，是很有创新意义和实践价值的探索研究。

　　本书把"核心素养培育"作为主体脉络，清晰地贯穿于整个研究的始终，分别从现代商业素养培育、财经素养培育、馆校合作科学诠释、综合实践活动、生涯规划、学科教学等角度展示了课程图谱建构与实施的研究过程。六个章节内容既相对独立，又主题一致，相互呼应，使全书具有较强的向心力。理论基础扎实，实践案例丰富，不仅展示了各校的文化积淀和办学特色，也体现了各位学员的风格和才华。全书展现的研究成果,颇具实用性和参考价值。

　　潘红星校长既是"种子基地"的主持人,同时也是我所主持的"双名工程"攻关基地的成员。近年来,这两个基地的成员经常互相交流与学习,我本人也从中受益匪浅。如今,潘红星校长领衔的"种子基地"已经取得了可喜成果,我衷心希望她的基地能有更多的"种子"破土而出,茁壮成长,开花结果,进而在区域内发挥示范和引领作用。

2021 年 5 月

前　言

　　"核心素养"一词源于经合组织(OECD)于 1997 年 12 月启动的 DeSeCo 项目"理论和概念基础——素养的界定与遴选"。随后,经合组织在 2003 年出版的研究报告《促进成功的生活和健全的社会核心素养》中构建出具体的培育框架,即"人与工具""人与自我""人与社会",并对每一个培养框架制定出具体的实施目标。从最早提出"核心素养"的西方国家整体情况来看,很多国家不约而同地对这一教育理念与具体实施方案达成了共识,只是因政治背景与人文传统的差异,在具体核心素养模块数量上有所变化。例如经合组织的 9 项核心素养,欧盟的 8 大核心素养,联合国教科文组织的 7 大核心素养以及加拿大的 4 大核心素养等。核心素养的先进教育理念与教学方法,也直接影响到国内核心素养的实践与探索。

　　国内"核心素养"的正式提出来自于教育部 2014 年《关于全面深化课程改革,落实立德树人根本任务的意见》指导文件。2016 年 9 月发布的《中国学生发展核心素养》研究成果确定了核心素养的框架和内涵。中国学生发展核心素养,主要是指学生应具备的适应终身发展和社会发展需要的必备品格和关键能力。中国学生发展核心素养,以培养"全面发展的人"为核心,分为文化基础、自主发展、社会参与三个方面,综合表现为人文底蕴、科学精神、学会学习、健康生活、责任担当、实践创新六大素养。

　　本项目所提的核心素养是指中国学生核心素养及其国家课程标准颁布的各学科核心素养。

　　"课程图谱"的概念最早由豪斯曼(Jerome Hausman)于 1974 年提出。早期的代表人物英格里斯(Fenwich English)强调课程图谱是对教师实际教授课程的重新建构,是描述性而非指示性的,要以事实为基础来记录实际授课内容、授课时间以及教学与评价方案。20 世纪 90 年代,雅各布斯(Heidi Hayes Jacobs)拓展了英格里斯关于课程图谱的定义,她认为课程图谱是一个非常有用的工具,可以创造一个概览图作为决定课程的基础。她将课程图谱与课程改革的倡议相接轨。哈登(Ronald Harden)则更形象地认为,课程图谱就像旅行者的旅行地图,告诉你现在的位置,你从哪里来,要往哪里去。课程图谱依照相互呼应的课程内容与课程目标融会连接,建构出具有系统性、层次性、完整性的学习流程。之后的专家,有的聚焦课程图谱的分类及涉用对象研究,如黑尔(Janet Hale)在 2008 年提出了四种课程图谱的分类:一是日志图谱,二是计划图谱,三是共识地图,四是主要图谱,其适用范围可以是教师、学校或教育行政区;有的聚焦课程图谱的实践历程研究,如萨姆森(Jennifer Sumsion)等人的研究;有的聚焦课程图谱的制作研究,如奥利维尔(Beverley Oliver)的研究等。

关于学校课程图谱的构建,国内的研究还处于起步阶段。在上海市教委教研室综合教研员韩艳梅博士专著《课程图谱》出版之前,仅看到零星的研究论述。韩艳梅博士的《课程图谱》从背景、渊源、关联、基础、建构、形态、升华、前瞻等八大方面对课程图谱开展了专题研究,是一本一线教育教学工作者了解和制作课程图谱的系统性非常强的工具书。在书中,韩博士对课程图谱作了如下的定义:课程图谱是以学生为出发点,以育人目标为指引,通过课程元素的纵向连贯与横向连接,形成具有系统性、层次性、完整性的课程系统,并以图文融合的形式呈现课程系统的结构与实施路径的可视化工具。①

本项目所提的课程图谱是基于韩博士课程图谱的定义,更强调以下几个方面:首先,这里所提的课程是大课程,是学校对学生进行的有计划、有目的、有意义的教育教学活动的统称;其次,这里所提的课程图谱包含国家课程、地方课程的校本化实施和校本课程,是三部分课程的总体呈现,且是有整体结构、有内在逻辑关系的一种总体呈现;最后,这里所提的课程图谱是基于各校教育教学需要,服务于各校学生培养目标的,因此,可以因校而异,因学段不同而不同,突出校本化实践,建构校本化课程图谱,但又必须做到形不同而神似,对其他学校有辐射和可借鉴作用。

课题研究的目标:第一,了解课程理念、目标、内容、实施、管理与评价的相关理论,把握学校课程变革各要素之间的关系。第二,立足立德树人根本任务的实现,研制学校整体课程规划,确立有逻辑的学校课程变革思路。第三,熟悉各学科核心素养和课程标准要求,学习编制具有学校特色的可操作性的学程设计。

课题研究的内容:首先,理论学习,熟悉课程开发的基本模式。通过理论学习,了

---

① 韩艳梅.课程图谱[M].上海:上海教育出版社,2019:17.

解课程开发的目标模式、情境模式、过程模式以及实践模式等,知道这些课程理论的适用场合与要求。其次,图谱设计,特别应指向学校课程规划的设计。立足学校实际,编制符合学生实际的、切实可行的学校课程规划,包含学校课程情境分析、课程理念、课程目标、课程内容、课程实施、课程评价以及课程管理等要素。最后,实践推进,涉及课程纲要的编制与实施。把握课程纲要的要点,推动教师参与课程纲要的研制;把握学科核心素养培育的课程实施和评价方法,学会运用这些方法提升教学品质。

课题研究的过程: 项目组学员围绕项目主题,结合自己的学科背景和管理工作确定子项目名称,争取立项区级课题。每个子项目遵循"基点分析——理论学习——图谱设计——实践推进——系统提升"的思路展开研究。本课题研究的具体安排如下:第一,基点分析(2019.3—2019.5)。通过问卷、访谈、查阅资料等方法对学员所在学校课程实施现状做科学、精准的分析,明确学校课程需要进一步完善的方面。第二,理论学习(2019.6—2019.8)。这一阶段主要任务包括读书。如阅读施良方的《课程理论》(教育科学出版社)、钟启泉的《现代课程论》(上海教育出版社)等著作;还包括聆听讲座。如聘请纪明泽、杨四耕、韩艳梅、刘爱国、杨龙等上海市知名专家和特级校长为学员开设讲座。第三,图谱设计(2019.9—2019.12)。每位学员在前期基点分析和理论学习的基础上,编制符合各校实际的切实可行的课程图谱,其间发挥专家的引领作用和团队的互助作用。第四,实践推进(2020.1—2020.12)。这主要依靠学员所在学校团队的实践反思,引入相关的评价方法,辅之以专家的诊断和项目组团队成员的互助。第五,系统提升(2021.1—2021.6)。学员总结、提炼各自学校课程图谱设计和实施过程中的典型经验,进行案例分析,并撰写研究报告。

课题研究的价值: 随着课程改革的深入,中高考改革的推进,基于学生核心素养的课程领导力建设成为学校工作的重中之重,因此,这也成了校长应具备的核心素养。聚焦"基于核心素养培育的课程图谱建构与实施研究",一定程度上抓住了学校管理的"牛鼻子",既可以基于学员在各自学校的不同工作岗位,因人而异、因校而异,围绕学生核心素养,编制各校、各学段、教育教学不同方面的课程图谱,学员从中习得课程图谱编制和实施的一般方法,日后可以迁移运用至新的管理岗位;又可以对学校不同角色的管理者起到借鉴作用,共同在一个比较高的起点探索以人为本的学生培养方式。具体来说,该项目的价值意义如下:其一,把握学校课程逻辑与图谱,知道学校内涵与特色发展的核心在课程;其二,准确把握学生的学习需求,掌握学校课程设计的核心精神与基本技能;其三,立足核心素养培育的政策诉求,驾驭学校课程实施、评价与管理的方法。

研究成果与观点:主要研究成果有项目报告《基于核心素养培育的课程图谱建构与实施研究报告》,项目著作《指向核心素养培育的学校课程图谱》,以及形成其他成果,包括与课程编制、实施、评价相关的经验总结、案例研究和论文若干。本研究的主要观点,学生的培养目标主要通过学校课程来达成,因此,每位管理者要有课程意识和课程思维;课程图谱的建构可以因学校不同、管理角色的不同而灵活建构,但万变不离其宗,最终是为了更有效地达成本校学生培养目标。

上海市澄衷高级中学校长　潘红星

2021 年 5 月

第一章

现代商业素养培育与学校课程图谱

现代商业素养关乎个人发展、家庭幸福、社会稳定和国家安全。学校现代商业素养培育特色课程图谱从一元课程图谱发展到多元课程图谱,形象直观地呈现了学校教育理念和课程建设成果。

上海市澄衷高级中学坐落于北外滩,创办于1900年,是沪上国人创办的第一所班级授课制学校,创始人是宁波帮先驱叶澄衷。蔡元培是校史上的第二任校长。丰子恺、钱君匋等一批名师曾在澄衷任教。胡适和竺可桢是澄衷数万学子中的杰出代表。1959年,学校被确定为虹口区重点中学。2009年,学校成为虹口区实验性示范性高中。在国家及上海新一轮教育综合改革中,学校积极探索改革发展之路,2016年10月,正式成为上海市第二批特色普通高中建设项目学校;2019年10月,举行"培育现代商业素养,添彩未来幸福人生"市级展示活动。

第一节 现代商业素养与核心素养的关系

学校采用"现代商业素养"一词作为特色发展中的关键词。现代商业素养包含了关乎个人发展、家庭幸福、社会稳定和国家安全的面向公民的财经素养。在上海这样一个国际化大都市,现代商业素养是现代公民适应时代发展的必备素养和关键能力,而非预备为商者的专利。

一、 何谓现代商业素养?

为对现代商业素养进行精准的校本定义,我们经历了一个苦苦的探索过程:

最早的一稿"现代商业素养"定义出现在我校申报区、市一级立项课题的课题申报书中。

PISA将"素养"界定为:"有关学生在主要学科领域应用知识和技能的能力,分析、推理和有效交流的能力,以及在不同情境中解决问题和解释问题的能力。"[①]

PISA 2012测试的财经素养评估框架中,给"财经素养"的操作性定义如下:"财经素养是一种关于财经概念和风险的知识和理解力,以及运用这些知识和理解力的技

---

① 朱小虎. 面向未来的参与能力——PISA"素养"概念的发展[J]. 中小学教育,2012,04.

能、动机和信心，以便个人在广泛的财经背景中做出有效决策，提高个人和社会经济利益，并能够参与经济生活。"①

我们依据 PISA 对"素养"和"财经素养"的界定，对"现代商业素养"作出了如下校本定义："学生在体验式课程的学习中获得关于现代商业的知识和技能，并能运用这些知识和技能在具体情境中解释问题和解决问题，从而具备一定的商业敏锐性和丰富的商业意识，能积极参与经济生活，提高个人和社会经济利益。"

定义一出后，我们马上发现了问题，这一定义虽然有学术依据，但有点佶屈聱牙，要义很难记住。

我们请来了高校专家，在专题讨论的基础上，我们形成了"现代商业素养"第二稿的校本定义："学生面对未来商业生活，解决问题时所应具备的知识、能力和价值的总和。"

这一稿的特点是朗朗上口，但普教专家在指导学校特色建设推进时，常常会提出建议：有关现代商业素养的校本定义太一般，没有特色，希望进一步优化。

我们又回到第一稿的思路，试着在原有的基础上适当地简化，并结合学校的传统文化精神，形成了"现代商业素养"的第三稿校本定义："个体对商业及其风险的认知和理解，并能运用这种认知和理解在各种商业情境下作出有效决策，具备诚信品格，以提高个人和社会的经济效益，合理参与社会经济生活。"

这一稿定义有专家认同，但还有很多专家提出，学校有关现代商业素养的校本定义仍需斟酌。此时的我们面临一个尴尬的境地：普教专家知道校本定义不到位，但由于对现代商业素养不熟悉，无法帮忙建构；高校专家对现代商业素养内涵十分熟悉，但又不知道如何表达更贴近普通高中学生实际。

正在我们左右犯难的时候，一位优秀校友胡耀祺进入了我们的视野。他从学校毕业后就读复旦大学经济系，大学毕业后较长时间从事金融工作。他既熟悉母校，了解学弟学妹们的情况，和他们交流没有代沟，又对现代商业不陌生。我们通过邮件反复研讨，他甚至放弃周末休息时间，来校现场指导，特别强调从成功商人身上提炼共同的优秀品质。在概念雏形的基础上，我们非常荣幸邀请到了宋保平院长（现为嘉定二中

---

① 刘敏. OECD 全球财经教育的第一推动者[J]. 上海教育，2014，02：20—26.

校长)来校反复研磨,逐字逐句推敲,最终形成了"现代商业素养"第四稿校本定义:"学生参与现代商业活动所必备的知识和能力,以及由此而形成的商业道德与价值观。"

我们从叶公澄衷的办学理念及学校的文化传承中汲取营养,形成"商之术""商之法""商之道"三个维度的现代商业素养培养内容。

"术"的校本界定为"术语","商之术"直接指向必备的现代商业知识的掌握,包括"学习经济常识""体验商业活动""知晓商业礼仪""熟悉商业模式""了解商业文化"五个组成模块。

"法"的校本界定为"方法","商之法"直接指向关键的现代商业活动能力的培养,包括"培养商业敏感""增强个体抗压""密切团队合作""尝试商业创新""树立战略思维"五个组成模块。

"道"的校本界定为"规则","商之道"直接指向现代商业素养优秀品格和价值观的养成,包括"保持谦和心态""坚持公平习惯""培养责任意识""培育诚信品格""信守契约精神"五个组成模块。

二、 现代商业素养与核心素养有何关系?

首先,从美国"21世纪技能"框架来看两者的关系。

进入新世纪以来,美国政界、商界、教育界都在谈论一个共同的话题:美国的每个孩子要想成为合格的公民、劳动者或者领导者,就需要掌握21世纪的知识与技能。但是学校所学习的内容和21世纪生活与工作所需要的知识与技能之间存在很深的鸿沟。美国需要重新建构其基础教育体系。由此形成了一个全国性的21世纪技能伙伴组织,共同起草了美国21世纪技能框架(见图1-1)。

在美国"21世纪技能"框架彩虹图中,"21世纪技能"以核心项目与21世纪主题为基础,以期发展学生的学习与创新技能,信息、媒体和技术技能,人生和职业技能。其实施策略包括制定标准和实施评价;改革课程与教学;促进教师专业发展;创设学习环境。

我们重点关注核心项目与21世纪主题。核心项目似乎是传统的,包括英语、阅读和语言艺术、外语、艺术、数学、经济、科学、地理、历史、政府与公民等,项目不是很多。

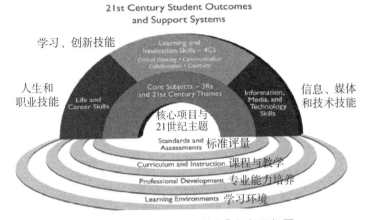

图 1-1　美国"21 世纪技能"框架彩虹图

比较有趣的是,在保留传统核心课程的基础上,他们还另外增加了 5 个跨学科主题的学习内容,分别是全球意识,金融的、经济的、商业的和创业的素养,公民素养,健康素养和环保素养。①

显而易见,金融的、经济的、商业的和创业的素养,作为美国五个跨学科主题学习内容之一,是培育"21 世纪技能"的重要课程载体。

其次,从中国核心素养表达来看两者的关系。

教育部在《关于全面深化课程改革,落实立德树人根本任务的意见》中,明确把核心素养的内涵界定为"学生应具备的适应终身发展和社会发展需要的必备品格和关键能力"。

中国学生发展核心素养,以培养"全面发展的人"为核心,分为文化基础、自主发展、社会参与三个方面,综合表现为人文底蕴、科学精神、学会学习、健康生活、责任担当、实践创新六大素养。

核心的意蕴:(1)基础性。核心素养是其他素养发展的基础,是个人终身发展和可持续发展的基础。(2)生长性。核心素养会生长出其他素养,因此也被称为"素养的DNA"。(3)共同性。核心素养是每个人必备的素养。(4)关键性。一是指这些素养

---

① 张义兵. 美国的"21 世纪技能"内涵解读[J]. 比较教育研究,2012,05.

本身是关键的。二是指这些素养形成的时间是关键的。[①] 核心素养模型在学校教育系统中的作用见图 1－2,从中可以非常直观地看出培养中国学生核心素养的重要性。

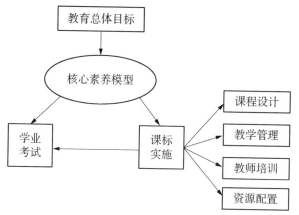

图 1－2　核心素养模型在学校教育系统中的作用

借鉴美国"21 世纪技能"框架,学校将现代商业素养培育看作是本校培育学生核心素养的重要课程载体之一。通过"商之术",即现代商业知识的学习,学生的人文底蕴、科学精神得到加深;通过"商之法"课程,即现代商业活动能力的培养,学生更加会学习、会生活、会创新;通过"商之道",即现代商业优秀品格和价值观的养成,让学生更加勇于担当,乐于奉献。因此,现代商业素养与学生核心素养是校本性与普适性、个性与共性的关系。所谓条条大道通罗马,现代商业素养的培育和国家课程一起,最终是为了服务于学生核心素养的培育,落实立德树人的根本任务。

三、 现代商业素养与学科核心素养有关系吗?

美国的"21 世纪技能"框架中,金融的、经济的、商业的和创业的素养作为 5 个新增的跨学科主题之一,要求学生能够知道如何做出恰当的个人经济选择;能够理解经济在社会中的作用;能够运用创业技能提高工作场所效益和进行职业生涯选择,主要

---

① 余文森. 核心素养导向的课堂教学[M]. 上海：上海教育出版社,2018：12—14.

目的在于帮助学生进一步学会应对现实生活的具体问题。但是其教学活动不以独立学科存在,而是需要融入核心项目中。①

学校现代商业素养与学科核心素养的关系,与美国"21世纪技能"框架有共通的地方,主要体现在以下两个方面:

一是学校现代商业素养通过综合实践活动课程深度融合,在跨学科问题解决过程中培养。例如,学生公司设计学校吉祥物,这个过程中会涉及到多学科核心素养的运用。首先要思考选取什么动物作为吉祥物,动物的寓意要与学校的核心文化精神相一致。经过反复讨论,学生选择一只小牛作为吉祥物,牛象征诚实、勤劳、吃苦耐劳等,与学校创始人叶澄衷的品格高度相似。小牛取名"诚诚",是从学校"持诚求真"校训和"诚朴"核心价值观中各选一个"诚"字来命名的,寓意将学校校训和核心价值观融入到每一个学生的内心之中。学校是一所著名的百年老校,更是一所具有重要意义的红色教育的启蒙之地,所在的虹口区也是上海红色文化遗址和旧址最多的中心城区。"诚诚"的牛角及鼻子融入红色的元素。学校LOGO通常是黄色。"诚诚"身穿黄色外衣,自信满满地为师生们点赞。学校地处虹口区东南隅,黄浦江畔。"诚诚"的裤子颜色选用湖蓝色,与上海母亲河黄浦江起到呼应。在色彩搭配上,红蓝黄作为三原色,能给人舒服的视觉效果,并且有无限的想象空间。"诚诚"用在哪里?学生们在调查的基础上,开发出了满足不同学生喜好的款式:一是做成可以随意摆放的吉祥物;二是做成小的挂件,挂在书包上;三是作为LOGO印在学校其他文化产品上,如印在保温杯上;四是制作成U盘等。这些创意产品还要合理定价,既不能亏本,又要保证是同学零花钱能承担得起的。一个小小的吉祥物设计,里面包含了历史、地理、艺术、政治经济等多学科素养的运用,学生在跨学科创意设计中现代商业素养也得到了培养。

二是学校现代商业素养培育可以和学科素养培育有机结合。具体又分两个方面:

其一,学校现代商业素养培育可以和学科核心素养培育有机结合。以思想政治学科为例。"培养责任意识"是我校现代商业素养培养目标之一。"公共参与"素养是思想政治学科核心素养之一,主要指"有序参与公共事务,勇于承担社会责任,积极行使

---

① 张义兵.美国的"21世纪技能"内涵解读[J].比较教育研究,2012,05.

人民当家作主的政治权利"。学生可以将这一思想政治学科核心素养灵活迁移到他们参与的现代商业活动领域来解决问题。如学生制定某个商业方案,研讨某个商业案例的过程中,离不开他们已有的"公共参与"素养。基于这一素养,他们可以以主人公的身份积极参与其中,行使自己的"知情权""参与权""表达权""监督权",更好地表达"民意",集中"民智",从而提高活动效益;同时在活动中,他们可以进一步熟悉、理解"民主管理的程序""体验民主决策的价值",领悟责任意识的内涵。现代商业素养与学科核心素养二者相辅相成,相互促进。

其二,学校现代商业素养培育可以和各学科共通素养培育有机结合。各学科的共通素养既有能力维度的,如批判性思维、创造性解决问题、合作与交往、自主学习能力等;也有品格与价值观维度的,如诚信品格、家国情怀等。以我校范月红老师在高一数学"不等式的运用"一节复习课中融入诚信品格教育为例。她根据学校每年举办的商业嘉年华活动,先创设了一个问题情境:高二(2)班学生公司出售自己做的牛轧糖,那天不巧,他们的天平坏了,某位热心的同学找来一杆两边臂不等长的天平,并对大家说:"要是有人要购买 1000 g 糖,先将 500 g 的砝码放在左盘,将牛轧糖放于右盘使之平衡后给他;然后又将 500 g 的砝码放入右盘,将另外的牛轧糖放于左盘使之平衡后又给他,这不就解决了吗?"接着,范老师抛出问题:"假设你是其中的一员,你赞成这样操作吗? 为什么?"然后,她分步引导大家运用已有的物理学"杠杆平衡"知识和不等式的知识得出结论:用这种方法,实际卖出的牛轧糖比 1000 g 糖要多。接着,她继续抛出问题:"当你知道这样的结果后,你的态度是赞成卖还是反对卖?"许多学生高声回答:"不赞成卖,否则吃亏了。"似乎到这里数学问题已解决。这时,有一位学生举手,范老师示意他回答:"虽然算出来最后卖给同学的牛轧糖质量是超过 1000 克的,尽管如此,我依然赞成卖,都是同学,吃点亏也是没关系的。"范老师适时地给予学生鼓励:"小张同学就是这样一位助人为乐,宁愿自己吃亏的好班长,大家把掌声送给他。"同时,范老师润物无声地展开课程德育:"学校创始人叶澄衷教导我们要诚信经商,多为顾客考虑,哪怕有时自己要吃点亏,我想他的精神将影响一代又一代的澄衷人。"

学校现代商业素养与学科核心素养的关系,与美国"21 世纪技能"框架存在不同。美国"21 世纪技能"框架中的五个 21 世纪主题,不单独设课,只融入核心课程之中,在跨学科问题解决的过程中培养相关素养。我们认为现代商业素养培育需要以一些基本的商业知识和技能为载体,现有的学科课程中这方面的知识相对薄弱,且比较零星,不成体系,因此,学校通过开设校本选修课来弥补这部分知识和技能的不足。例如,学校开设了"生活中的经济学""生活中的管理学""生活中的会计学""个人信用与生活"等一系列的校本选修课和慕课。

第二节　现代商业素养培育的学校课程图谱

厘清了现代商业素养与学生核心素养、学科核心素养的关系后,学校可否以直观、清晰、合规的图谱形式表达学校的课程结构? 课程图谱能否用于课程结构以外的地方?

一、学校课程图谱

课程图谱的出现以及受到关注,既是图形、图像等教育技术发展到一定阶段的产物,也是教育发展到一定的高度,需要用图谱来物化教育理念、可视化课程建设的产物。在更宏大的背景上来说,与"读图时代"的到来密切相关,即当下的文化正经历着一个告别"语言学转向",进入"图像转向"的新时期。[1]

(一) 学校课程图谱的定义

上海市教委教研室韩艳梅博士认为:课程图谱是以学生为出发点,以育人目标为指引,通过课程结构的纵向连贯与横向连接,形成具有系统性、层次性、完整性的课程系统,并以图文结合的形式呈现课程系统的结构与实施路径的一种可视化工具。[2]

---

[1] 韩艳梅. 课程图谱[M]. 上海:上海教育出版社,2019:04.
[2] 韩艳梅. 课程图谱[M]. 上海:上海教育出版社,2019:17.

我们对学校课程图谱的定义：以党的教育方针为准则，以育人目标为导向，结合学校的实际，直观性、系统性、层次性、完整性、校本性地呈现学校课程。

（二）学校课程图谱的思考原点

学校课程图谱的设计需要考虑国家政策、社会要求、育人目标、学校文化、学生学习经历、学校师资条件和课程资源配置。党的教育方针和国家政策是制作课程图谱的准则；社会发展对人才的需求，以及学生个体成长的需求，都是学校课程目标思考应有的题中之义；育人目标是制作课程图谱的导向因素；学校文化是制作课程图谱的底色和基色；学生学习经历是制作课程图谱的基石；学校师资条件是制作课程图谱的关键考量，课程的实施质量关键取决于有一支有胜任力的教师队伍；课程资源配置是制作课程图谱的基础准备。①

二、 现代商业素养培育的学校课程图谱

上海市教委教研室韩艳梅博士在《课程图谱》一书中将课程图谱定义为"呈现课程系统的结构与实施路径的一种可视化工具"，工具的价值在于实践中的运用。

（一）学校特色课程图谱 1.0 版

我们将现代商业素养培育特色课程目标具体表述为：基于校史，联系生活，重视体验，关注前沿，学习必备的现代商业知识，掌握关键的现代商业能力，形成现代商业优秀品格和价值观，由"术"及"法"，进而悟"道"，添彩未来幸福人生。

在学校特色课程图谱 1.0 版（见图 1－3）中：

其一，学校课程图谱是育人目标导向型，通过顶层设计，将"现代商业素养培育"三个维度的内涵融入"重责任、讲诚信、有性灵、能创新、善自律、会合作"学生培养目标之中，在培养"德智体美劳全面发展的社会主义建设者和接班人"的同时，培养现代商业素养突出的澄衷人。

---

① 韩艳梅. 课程图谱［M］. 上海：上海教育出版社，2019：32—40.

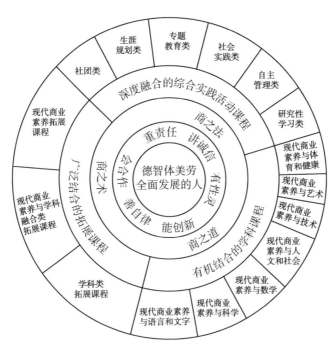

图 1-3　上海市澄衷高级中学现代商业素养培育特色课程图谱

其二,学校的课程分类是价值取向分类——学科课程和活动课程。学科课程是以学科知识为基础,根据学科逻辑而编排的课程。它的优点在于强调每一门学科的逻辑组织,缺点是较少考虑学科间的相互联系。活动课程是以儿童的兴趣或需要为基础,根据心理逻辑而编排的课程,主张学生动手"做",手脑并用,脱离书本而亲身体验生活的现实,以获得直接经验。它的优点在于能给学生广泛的学习空间和充分的动手操作机会,缺点是学生从中获得的知识缺乏系统性和连贯性,从而具有很大的偶然性和随机性。两类课程各有自身的优点,又各具缺陷。学校课程以学科课程为主导,以活动课程为必要补充,使得两者优势互补,相得益彰。

其三,学校将"现代商业素养培育"作为社会主义核心价值观和学生核心素养培育的校本化载体,将其内涵落到学科课程、拓展课程和综合实践活动课程的全面实施之中。通过有机结合学科课程、广泛结合拓展课程、深度融合综合实践活动课程来培育现代商业素养。其中学科课程通过与语言和文字、现代商业素养与数学、现代商业素养与人文和社会、现代商业素养与科学、现代商业素养与技术、现代商业素养与艺术、现代商业素养与体育和健康等七个领域与现代商业素养培育有机结合;拓展课程通过现代商业素养拓展课程、现代商业素养与学科融合类拓展课程等与现代商业素养培育广泛结合;综合实践活动课程通过社团、生涯规划、专题教育、社会实践、自主管理和研究性学习等模块与现代商业素养培育深度融合。

现代商业素养培育特色课程分类设计主要通过"商之术"课程,掌握商业世界里关键知识的构成;通过"商之法"课程,培养开展现代商业活动的关键能力;通过"商之道"课程,形成现代商业素养优秀品格和价值观。

现代商业素养培育特色课程分层设计内容如下:在整体提升全体学生现代商业素养的同时,学校充分关注学生的个性化差异和多元化选择,将"商之术""商之法""商之道""三位一体"特色课程群,设置为 A、B、C 三个梯度。A 层为全校普及型必修课程,B 层为兴趣拓展型课程,C 层为特长提升型课程。课程的分层设计,确保课程在惠及全体学生的同时,给予高兴趣度的学生更为广阔的发展空间,从而满足不同学生的需求。

(二) 学校特色课程图谱 2.0 版

随着《普通高中课程方案(修订稿)》发布,普通高中课程由必修、选择性必修、选修三类课程构成。其中,必修、选择性必修为国家课程,选修为校本课程。

必修课程,由国家根据学生全面发展需要设置,所有学生必须全部修习。选择性必修课程,由国家根据学生个性发展和升学考试需要设置。参加普通高等学校招生全国统一考试的学生,必须在本类课程规定范围内选择相关科目修习;其他学生结合兴趣爱好,也必须选择部分科目内容修习,以满足毕业学分的要求。选修课程,由学校根据学生的多样化需求,当地社会、经济、文化发展的需要,学科课程标准的建议以及学校办学特色等开发设置,学生自主选择修习。

学校顺应"双新"推进的需要,在传承的基础上,形成了学校特色课程 2.0 版图谱(见图 1-4)。

学校课程图谱中第一层级是按学生修习方式对课程进行分类,分为必修、选择性必修和选修。必修和选择性必修主要为国家课程,下分学科课程、劳动课程和综合实践活动课程,这里既有对学校原有课程图谱中课程分类的传承,又结合了国家对劳动

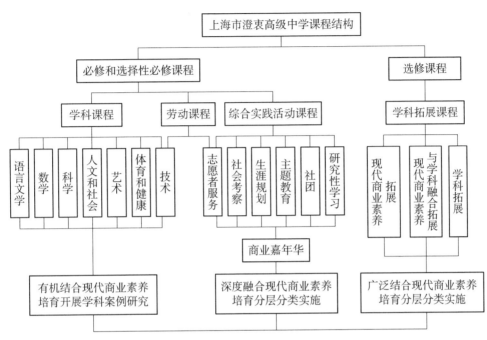

图 1-4　上海市澄衷高级中学现代商业素养培育课程图谱

教育的要求;选修课程主要为校本的学科类拓展课程。学科课程之下按学习领域分类,与现代商业素养有机结合开展案例研究。劳动课程既包含了劳动技术课程,也包含了志愿者服务;综合实践活动课程包含了志愿者服务、社会考察、生涯规划、主题教育、社团和研究性学习;劳动课程和综合实践活动课程共同通过深度融合现代商业素养培育,探索分层分类实施的方法。学科拓展课程下分现代商业素养拓展课程、现代商业素养与学科融合拓展课程和学科拓展课程,广泛结合现代商业素养培育,探索分层分类实施的方法。学校一年一度开展商业嘉年华活动,主体呈现的是综合实践活动课程的年度实施成果。

当然,这也一定不是终极版课程图谱,学校不断地根据外部和内部的发展要求,与时俱进地优化课程图谱。

三、 现代商业素养培育的课程图谱拓展

韩艳梅博士在课程图谱的未来展望部分写道:课程图谱正从单一走向多元。多元,一是指对课程图谱的使用由点延伸至点、线、面全面推进;二是指从平面延伸至立体、综合;三是指由此及彼,由课程联想到与课程相关的一切元素。①

受此启发,以下分别以现代商业素养定义和学校校史资源课程图谱为例来说明。

在现代商业素养定义 1.0 版图谱(见图 1-5)中,"商之术""商之法""商之道"是平行排列的,图谱是平面的。

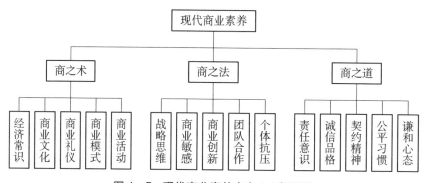

图 1-5　现代商业素养定义 1.0 版图谱

在现代商业素养定义 2.0 版图谱(见图 1-6)中,"商之术""商之法""商之道"呈宝塔形排列,学习必备的现代商业知识,是形成现代商业能力的基础,在现代商业知识、能力的基础上,进而形成现代商业优秀品格和价值观。很显然,从现代商业素养定义 2.0 版图谱上可以读到比 1.0 版图谱更丰富的内涵,也更直观地表达了"商之术""商之法""商之道"三者之间的关系。

作为一所拥有 120 年历史的百年名校,学校丰富的校史资源成为学校现代商业素养培育的丰富学习场。学校基于校史开展"六个一"校史教育、"双导"生涯规划;邀请名校友来校开设"澄衷讲坛";组织学生对名校友开展"追寻校友足迹"的活动;在丰富

---

① 韩艳梅.课程图谱[M].上海:上海教育出版社,2019:201.

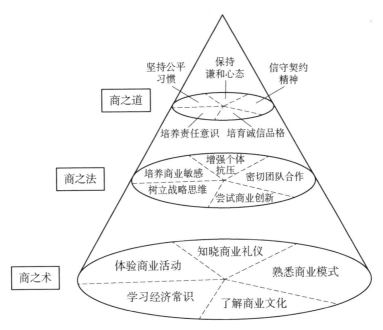

图 1-6 现代商业素养定义 2.0 版图谱

的校史资源基础上,开展基于校史的研学旅行活动;多途径系统地对学生开展诚信教育;组织学生读《叶澄衷画传》,观演《天下之利》;基于现代商业素养培育开展研究性学习等。这样一段文字我们也尝试用更直观的图谱来表达(见图 1-7)。

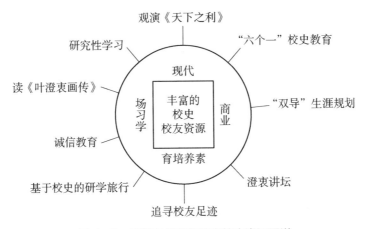

图 1-7 现代商业素养培育校史资源图谱

其他还可以用图谱表达的有现代商业素养培育特色建设运行图谱、特色课程层级图谱、课程评价图谱、现代商业素养与学科有机结合图谱、拓展课程图谱、现代商业素养测评图谱、"澄衷商联"组织图谱、创新实验室规划图谱等,篇幅关系,不一一呈现,我们努力做到由课程结构拓展至与课程有关的一切元素。

第三节　现代商业素养培育的综合实践活动课程图谱

遵循课程图谱由单一至多元的发展趋势,笔者试着选取学校综合实践活动课程中属于主题教育的"诚信教育"、属于社会考察的"研学旅行课程"和生涯规划课程展开更细微的课程图谱建构工作。

一、诚信教育课程图谱

图1-8　学校诚信教育课程图谱

学校创始人叶澄衷拾金不昧的故事曾家喻户晓,被编入民国语文教科书。他事业有成后,在虹口捐资创办澄衷蒙学堂。受创始人精神人格的深刻影响,"尚诚朴"成为学校的核心文化精神。

为了让学校的优秀文化传统代代相传,学校坚持多途径地对学生进行诚信教育,包括:课程育人、文化育人、活动育人、实践育人、管理育人和协同育人,建构了诚信教育课程图谱(见图1-8),并通过诚信专项证书评价学生诚信学习成效。①

---

① 潘红星,徐雪君.以诚信证书探索高中诚信教育评价[J].现代教学(12A):6—7.

（一）课程育人

学校充分发挥课堂教学的主渠道作用,将诚信教育内容细化落实到各学科课程的教学目标之中,融入渗透到教育教学全过程中。各学科梳理完成了现代商业素养培育与学科教学的结合点,其中包括诚信教育的结合点。

除了充分发挥课堂教学的主渠道作用,学校还开设了选修课"诚信漫谈""金融信用与生活""澄衷文脉与商学""商帮之道——宁波帮"等现代商业素养选修课和慕课,对学生进行专题性的诚信教育。

（二）文化育人

学校创始人叶公澄衷出身于宁波镇海穷苦人家,他原本在黄浦江上摇舢板为生。一日,一位英国洋行经理乘坐他的渡船过江时,不慎将一个装有巨额钱款、支票和重要文件的公文包落在他的船上,叶公三日不渡,在江边等待失主。失主重金酬谢,叶公分文不取。叶公因诚信起家,诚信发家。事业有成后,他做了很多善事,清光绪帝为其颁发"乐善好施""勇于为善"等匾额,以示嘉奖。在他众多的善事中,有一项就是在虹口的张家湾捐赠创办了澄衷蒙学堂(即今天的上海市澄衷高级中学)。120 年来,学校以"诚朴"作为核心文化精神。1926 年,学校章程就明确规定:"士子读书,首须立志。但不尚诚朴,便蹈空言;不重国故,难为华人。本校设学以来,尚诚朴、重国故;廿载一日,永矢不渝。士子来学,应明斯义,反是不思,请弗枉顾。""诚朴"也已融入过往毕业学子的血液,成为他们为人做事的准则。我国第一位海牙国际法院大法官,曾任外交部高级法律顾问,早年就读于澄衷,又在澄衷担任过英语教师的已故校友倪征(日奥),他在学校九十周年校庆时,为学校题写了"诚朴是尚"四个大字,并且写上"追忆母校校训"六个小字,以示不忘校训。

如今,学校的每个班级后墙都有学生自己设计的诚信箴言,张贴有二十四字的社会主义核心价值观和诚信的公益广告。学校也邀请 1951 届校友、知名作家叶良骏编写了校本历史剧《天下之利》,所有角色都由本校学生担任,其中第二幕专门介绍叶公拾金不昧的故事,供全校学生观摩。在观演《天下之利》的过程中,全体澄衷人又经历了一次深刻的诚信教育。

(三) 活动育人

进入新世纪,学校与时俱进,将校训凝练为"持诚求真"。"持诚",做人行事要始终保持诚实、诚朴、诚信的品格。提倡"持诚",既体现了澄衷优秀文化传统的延续和继承,也符合现代社会和谐发展的需要,更揭示出现代学校教育的出发点和归宿。"求真",说话做事要遵循规律,坚持探求真理,它是每一个澄衷人应具有的精神。"持诚"与"求真"又是相辅相成的。"持诚"是澄衷优秀文化传统的延续和继承,是"求真"地开展工作的基石和保证;"求真"是澄衷优秀文化传统的光大与发展,是坚持"持诚"成效的集中体现。

每年9月,学校对新生开展"六个一"入学教育,其中便包含践行一条校训。为此,学校定期开展"三月诚信教育月"活动,如"诚信"故事比赛,"诚信"演讲比赛,"诚信"国旗下讲话,"诚信"主题班会,"诚信"黑板报评比等,将诚信教育与学生的日常活动结合起来,全方位地实施。

近期,学校部分教师参与了上海立信会计金融学院《中学生诚信教育读本》(暂命名)的编写工作。新近结束的学校120周年校庆,学校和社科院马学强教授团队合作出版了《诚朴是尚:从澄衷蒙学堂到上海市澄衷高级中学(1900—2020)》,该书由商务印书馆出版,列入《百年名校与江南文脉》丛书。今后,学校的诚信教育还可以跟校本的读书活动结合起来,将学生的读后感在《澄衷》杂志上定期刊登。

(四) 实践育人

学校诚信教育的目的在于使学生能正确理解诚信的内涵,更加规范自己的诚信行为,进而形成诚信的品格。因此,学校要求学生在日常学习生活中践行诚信,如遵守《中小学生守则》:"讲诚信。守时履约,言行一致,知错就改,有责任心,不抄袭不作弊,不擅动他人物品,借东西及时归还。"做到学业诚信。学校也将学生校外社会实践与诚信教育结合在一起,如学校组织开展宁波研学旅行,参观宁波帮博物馆,体验宁波帮"诚信务实"的集体人格;组织开展"追寻校友足迹"的活动,从校友身上感受诚信的精神等。

（五）管理育人

学校还将诚信教育贯穿于学校管理制度的每一个细节之中,形成诚信教育的合力。如期中期末考试,学校专门开辟了无人监考考场,鼓励学生参加无人监考;要求教师开展电脑阅卷,对每个学生评分做到公平公正等。学校的每个班级前墙张贴有"诚信品质、契约精神"的铭牌,上面有"我们的约定""我们的承诺"等班规。学生通过制定班级民主管理制度,让诚信意识和契约精神进一步内化,形成学生自我教育、民主管理的班级管理模式。

（六）协同育人

学校积极争取家庭、社会共同参与和支持学校诚信教育,借助于虹口区区政府与上海立信会计金融学院合作共建的平台,校内成立中学生诚信文化研究中心,邀请立信会计金融学院王教授来校开设"弘扬诚信文化,铸就立身之本"的讲座;组织学生前往立信会计金融学院参观诚信文化长廊和会计博物馆,感受"立信"学校文化;加盟全国高校诚信文化联盟,做大做强学校的诚信品牌。

二、 研学旅行课程图谱

作为一所百年老校,学校丰富的校史资源成为学校现代商业素养培育不可多得的宝贵资源,也因此在学生社会考察活动中打上了深深的校本烙印。

学校"基于校史的研究旅行体验式课程设计与实践"被立项为 2019 年上海市"德尚"课题,同时也是新中高级中学刘爱国校长主持的上海市"双名工程"攻关基地主课题"建立专项证书制度,开展学生综合素质评价"的子课题。经过一年多的研究,学校的课题已结题。① 学校也已建构了基于校史的研学旅行体验式课程图谱(见图 1-9)。

（一）项目解决的主要问题

其一,解决了基于校史的研学旅行体验式课程培养目标不明的问题。"重责任、讲

---

① 潘红星,徐雪君. 基于校史的研学旅行体验式课程设计与实施[J]. 现代教学(8AB):124—126.

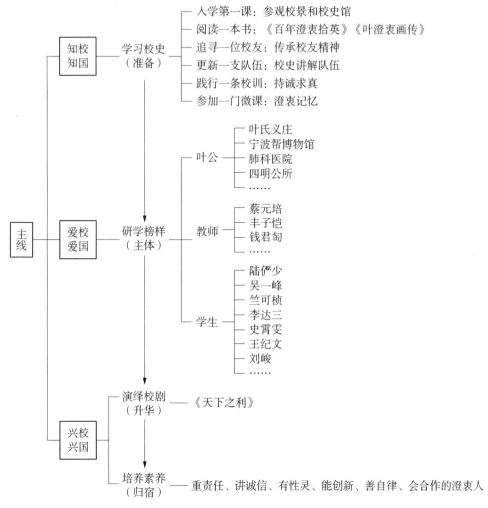

知校知国 ── 学习校史（准备）
- 入学第一课：参观校景和校史馆
- 阅读一本书：《百年澄衷拾英》《叶澄衷画传》
- 追寻一位校友：传承校友精神
- 更新一支队伍：校史讲解队伍
- 践行一条校训：持诚求真
- 参加一门微课：澄衷记忆

主线

爱校爱国 ── 研学榜样（主体）
- 叶公
  - 叶氏义庄
  - 宁波帮博物馆
  - 肺科医院
  - 四明公所
  - ……
- 教师
  - 蔡元培
  - 丰子恺
  - 钱君匋
  - ……
- 学生
  - 陆俨少
  - 吴一峰
  - 竺可桢
  - 李达三
  - 史霄雯
  - 王纪文
  - 刘峻
  - ……

兴校兴国
- 演绎校剧（升华）── 《天下之利》
- 培养素养（归宿）── 重责任、讲诚信、有性灵、能创新、善自律、会合作的澄衷人

图 1-9　基于校史的研学旅行体验式课程图谱

诚信、有性灵、能创新、善自律、会合作"，这既是澄衷传统特色和文化精神的提炼，也是澄衷在校学生的培养目标，学校基于校史的研学旅行体验式课程服务于学校培养目标。

　　其二，突破了基于校史的研学旅行体验式课程内容零碎不成体系的问题。学校基于校史的研学旅行体验式课程，在传承学校"六个一"校史教育活动的基础上展开，研学作为主体部分，遵循由近及远，由上海至周边，乃至境外的原则设计，而且在研学活动之后设计了演绎校剧的升华环节,最终落脚点是学生素养的培育。

其三,改善了基于校史的研学旅行体验式课程实施效果不佳的现状。知是前提:学校设计了"六个一"学习校史的活动;行有主题:学校设计了澄衷创始人叶公、澄衷名教师、澄衷名学生三类研学旅行线路,让学生研中有学,学有榜样;知行合一:学校设计学生演绎校剧活动,学生从中学习创始人叶公的优秀品格,培养家国情怀,提升综合素养。

其四,攻克了基于校史的研学旅行体验式课程评价缺失的问题。学校通过编写《上海市澄衷高级中学自主研学手册》,以"体验反思 + 研学盖章"的方式实施评价,并把研学评价纳入学校综合素质评价体系,以此解决了基于校史的研学旅行体验式课程的评价缺失的问题。

(二) 项目解决问题的过程及方法

第一,设计研学手册(2019 年 9 月—10 月)。学校已开展的与校史研究有关的研学活动有三个层面。第一层面以市内为研学地点,主要开展学校校史馆、蔡元培故居、复旦管院、校友王纪文植然雅商业实践体验基地等研学主题活动;第二层面以上海市周边为研学地点,主要开展宁波、绍兴、平湖等地的研学活动;第三层面以境外为研学地点,由校友牵线,开展香港研学活动等。

第二,开展研学活动(寒、暑假为主,结合传统节日纪念活动开展)。具体内容如下:

市内研学活动。每年新生入学,学校都会开展"六个一"的校史教育活动。学校积极拓宽校外教育资源,与复旦大学、交通大学、蔡元培故居建立了友好合作关系;开展了复旦大学等研学活动;建立了王纪文植然雅、刘况廷等校友商业实践体验基地,开展特色主题活动;寻访了与澄衷有关的博物馆和纪念馆,如叶家花园、四明公所、陆俨少故居、蔡元培故居、交大史霄雯烈士纪念碑等。

宁波研学活动。每年暑假,学校组织学生参加"追寻近代宁波商帮兴学之路"的研学活动。通过走访"叶氏义庄""中兴中学""宁波帮博物馆""吴一峰纪念馆"等地,让学生进一步了解叶公澄衷的辉煌一生和优秀品格,更好地传承学校的历史文化,铭记"持诚求真"校训。

香港研学活动。在香港著名实业家澄衷校友李达三先生的支持下,学校和香港宁波公学结为姐妹学校。学校利用寒假组织部分学生赴香港研学,参观香港宁波公学、香港宁波二中、香港大学,寻访校友李达三博士,与香港师生进行深入交流,感受香港文化,拓宽视野。

第三,完成研学总结(2020 年 5 月—6 月)。学校在基于校史的研学旅行课程实践的基础上,梳理课程目标,形成课程图谱,总结实施策略和评价方法,撰写项目总结报告,形成项目核心成果。

(三) 项目成果创新点

首先,形成了基于校史的研学旅行课程图谱。以"知校知国、爱校爱国、兴校兴国"为主线,包含"学习校史""研学榜样""演绎校剧"等研学旅行课程模块,其最终的归宿是服务于学校的培养目标,提升学生的综合素养(如图 1-9)。

其次,探索了基于校史的研学旅行课程的实施策略。包括:

体验性策略。学校基于校史的研学旅行课程选择围绕创始人叶公、学校知名教师、知名学生有关的博物馆、遗址、大学、校史馆等展开。在参观的过程中,或与校友访谈交流的过程中,甚至是动手做的过程中,学生展开学习活动,在体验中获得新知,培育知校知国、爱校爱国、兴校兴国的家国情怀。

选择性策略。学校基于校史的研学旅行课程既有面向全体学生的模块,如观摩原创校史剧《天下之利》的活动需人人参与;也有部分学生参与的模块,如清明节去交大祭扫史霄雯烈士墓,主要选择团员青年学生参加。学生可以根据自己的兴趣和发展需求自主选择研学模块,甚至还可以自主地开发研学旅游点,不断地丰富学校研学旅行课程的课程资料库建设。

发展性策略,学校基于校史的研学旅行课程的设计与高中生生涯教育结合,学生在研学旅行过程中,走进大学,思考未来。如学校组织学生走进复旦大学、交通大学等开展研学活动,通过聘请高校优秀学生担任澄衷学生的生涯导师,让澄衷学生有向同龄人中的佼佼者学习的机会,并在学习中思考规划自己的未来。

思想性策略。学校基于校史的研学旅行课程的设计和"四史"教育结合。如学校组织学生参观四明公所,回顾叶公澄衷执掌四明公所董事会时组织开展的四明公所保卫战,对学生进行爱国主义教育。

特色性策略。学校基于校史的研学旅行课程的设计融入学校特色元素,是学校综合实践活动课程的模块之一。如学校为什么选择宁波帮博物馆开展研学活动? 那是因为学校创始人叶澄衷是宁波帮的先驱,叶公创办的公司和学校,曾培养过一大批闻名全国甚至全球的商界翘楚和巨擘,可以说是宁波帮的"商帮摇篮";宁波帮作为中国十大商帮之一,学生从宁波帮博物馆可以感受中国民族工业的发展史。

最后,形成了基于校史的研学旅行的课程评价办法。学校设计了《上海市澄衷高级中学自主研学手册》,每个研学地点,包括课程资源介绍、研学章收集和研学旅行体会撰写三部分。学生完成 10 个研学点的课程体验,收集完 10 个研学章,即可获 2 个学分。学校校长潘红星和副校长徐雪君合作撰写的《基于校史资源的研学旅行课程的评价探索》一文还被发表在《上海教育》2019 年 12A 上,2020 年 5 月被第一教育公众号转发推送。

三、 生涯规划课程图谱

2017 年被称为上海新高考的元年,为此,从 2014 年起,上海各高中都在开展与新高考相关的配套政策研究,生涯规划课程就是在此背景下开展的一项重要工作。

我校的高中生生涯规划在不同的发展阶段呈现出不同的探索:

第一阶段,我们利用校外优秀的校友资源作为试点班学生的生涯导师,校内骨干教师担任试点班学生的学涯导师。这个阶段方案的好处是优秀的校友资源分散在社会的各个行业,为学生熟悉不同行业的特点提供了方便;这个阶段方案的不便之处是校友分散在各处,主要通过微信交流,聚在一起的机会比较少,面对面的指导比较有限。

第二阶段,我们通过签约合作复旦大学管理学院优秀的硕士生和本科生担任学生的学涯导师,开展"梦创"高中生"双导师制"研究。这个阶段方案的好处是复旦优秀学子和学生的年龄差距不大,他们又是同龄人中的佼佼者,让我校学生觉得既亲和又学有榜样;这一方案的不足是大学生平时学习也很忙,且寒暑假基本与中学同步,因此,交流的机会还不是很多。

第三阶段,我们引入了校外测评机构,为每位学生开展霍兰德职业兴趣等测试,在相关数据的基础上,开展全员导师制的研究。

通过几年的研究,我们也取得了一些成绩,我校生涯规划工作呈现出自己学校的特色,相关案例荣获上海市综合素质评价二等奖。在研究的过程中,我们也形成了生涯规划的课程图谱(见图1-10)。

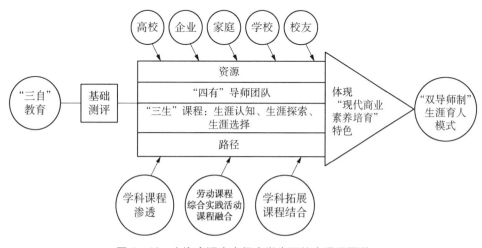

图 1-10　上海市澄衷高级中学生涯教育课程图谱

(一) 传承"三自"传统教育特色

学校生涯教育课程不是凭空产生的,而是在学校传统的德育特色"三自"教育基础上形成的。生涯教育的起点是对学生进行科学的测评,将测评数据点对点反馈至学生个人,为其后续的生涯规划提供科学依据。

(二) 打造"四有"生涯导师团队

学校通过外请专家,为班主任和全体教师开讲座,拓宽教师对生涯教育的认识视野;通过徐晶班主任名师工作室和班主任论坛、德育论坛等,加强同伴合作和分享;通过定期评选十佳"四有"好教师,加强师德修养,从而提升生涯教育导师团队的指导力。

(三) 利用"三域五类"生涯教育资源

2015 年,我校"高中生职业生涯规划课程实践研究"被立项为区校合作项目。2016 年,学校"基于'双导师制'的高中生生涯导航行动研究"被列为上海市德育课题。2020 年,学校"基于学生生涯发展的家庭教育指导研究和实践"被列为上海市家庭教育课题。通过聚焦学生的生涯发展,学校开发利用了涵盖"社会、家庭、学校",涉及"高校、企业、家庭、学校和优秀校友"的"三域五类"生涯教育资源。

(四) 构建"三生二课"生涯教育课程

"三生二课"生涯教育课程中的"三生"是指生涯认知、生涯探索、生涯选择;"二课"是指必修、选择性必修课与选修课。必修、选择性必修又进一步细分为学科课程、劳动课程和综合实践活动课程三小类。综合实践活动课程又细分为志愿者服务、社会考察、生涯规划、主题教育、社团和研究性学习等课程群。学校的生涯教育课程充分体现诚信文化和现代商业素养培育的特色。很多学生在活动中得到锻炼和成长,确立了未来的人生规划。

我校的课程图谱的建构活动还在进行中,如学生领导力课程、社团活动特色课程、戏剧表演课程、以现代商业探究为主题的研究性学习课程、一年一度的商业嘉年华活动等,这些课程还尚未形成清晰的课程图谱,因此,我们仍然行进在图谱建构的路上。

第四节　学生现代商业素养评价图谱

上海市澄衷高级中学是一所有着 120 年悠久历史的百年名校。2015 年起,学校以"现代商业素养培育"为特色定位,积极创建上海市特色普通高中,现为上海市第二批特色普通高中项目学校。学校围绕"陶冶性灵、启迪智慧、涵养气质"的办学理念,提出"育有个性的学生,塑有风格的教师,办有特色的学校"的办学理想,校本定义了"现代商业素养"的内涵,归纳为"商之术""商之法""商之道"三个模块,并和培养目标及相应的课程对接。学校的特色创建从课程切入,在学科课程和综合实践活动课程中积极探索,做了很多有意义的尝试。学校丰富的课程需要与之匹配且有效的特色评价方案。在复旦大学孙金云副教授团队的指导下,学校开发了学生现代商业素养测评系统。

一、 项目背景

随着国民素质不断提高,社会对人才的要求不断变化以及国家教育改革的不断推进,社会各界越来越重视学生的核心素养培育。新时代背景下,智商、情商、财商并重的人才更符合社会建设和发展的需要。中学是学生三"商"形成的关键阶段,其中财商在以往的中学生教育中并未得到足够的重视。

上海澄衷高级中学是拥有深厚商学底蕴的百年老校,本着"为了每个学生的健康成长,为着中华民族的伟大复兴"的宗旨,沿着学校的办学思路,全方位实施素质教育。因此,上海市澄衷高级中学一直把学生的现代商业素养培育放在重要位置,开设多门课程、举办各项活动以帮助学生了解商业知识、体验商业实践。本项目作为上海市澄衷高级中学学生现代商业素养培养体系中的重要组成部分,旨在通过科学的测试为学生提供现代商业素养的学习评价,让学生了解自身的现代商业素养水平,把握个性化发展方向,同时帮助学校发现课程教学过程中的薄弱环节,进而优化学校整体的现代商业素养培育课程体系。

二、 设计方法与过程

本项目的主要成果为"学生现代商业素养测评系统",其设计和构建主要包括两个部分:测评题目和测评系统。

(一) 测评题目

我们首先整理了学校现有的现代商业素养培育课程及培养体系,然后结合商学院各层次的课程体系,从"道、法、术"三个层面梳理出了十大模块,对学生的商业价值观、商业知识以及商业技能进行综合考察。这十大模块包括:商业哲学、商业伦理、商业心理、商业历史、经济基础、金融财务、战略思维、商业沟通、创新创意、商业模式。

确定十大测评模块后,项目组以模块为单位设计测评题目,每模块包含简单、中等、困难三个难易程度的题目,三者比例接近 3 ∶ 4 ∶ 3;同时,题型包括判断题和单项选择题,二者比例约为 3 ∶ 7。

测评题目的具体整理过程如下:首先,项目组成员整理了与模块相关的中学读物、本科各类教材以及其他相关资料。这个过程中,项目组一方面获取了部分题目原型,并根据中学生的基础商业素养水平及实践理解能力进行改编;另一方面,项目组还根据资料整理,有针对性地编写了部分题目。然后,项目组对这些题目进行了筛选和审查,具体原则包括:1.确保题目不能过难或过易;2.确保题目之间的相似度不能过高;3.确保同一知识点的题目涵盖简单、中等、困难三个难易程度;4.确保同一知识点考查题目不超过 5 道,各模块基本知识点均有覆盖;5.确保各模块简单、中等、困难三个难易程度的题目比例接近 3 ∶ 4 ∶ 3,判断题和单项选择题比例约为 3 ∶ 7;6.确保题目内容精简凝练,表达准确无歧义;7.确保题目考查倾向重理解和应用,而不是对于知识点的机械记忆。最终,形成了包含 2056 道测试题目的初始题库。我们对于初始题库所有题目的有效性进行了两轮检验,以便对题目进行二次筛选。

(二) 测评系统

项目的系统构建过程主要包含两个部分:题库部分、动态适配的测试程序部分。题库部分,项目组已将初始题库包含的 2056 道题目全部导入系统,并给每道题贴上了"维度""难度""考察知识点"三个标签。系统管理员可以根据需要对题目的题干、选项以及标签进行修改维护。动态适配的测试程序部分,系统根据动态适配的逻辑挑选出不超过 50 道题目(每个模块不超过 10 道)进行考察,根据题目难易程度——简单、中等、困难分别赋予 2 分、3 分、5 分的分值。在测评开始之前,系统会要求学生填写个人基本信息;在测评过程中,系统会记录学生回答每一道题的时间以判断学生是否严肃答题,且每道题目选定答案后自动跳转到下一题,已答题目不可更改答案。学生的测试成绩最终将以雷达图的形式(详见图 1-11)展示出来,为学生清晰展示其各模块的测试结果,并根据结果自动生成相应的错题回顾、文字评价和建议。除此以外,系统管理员可以在系统中查看、导出学生的成绩,并进行统计和分析,系统也会提供一些通用的统计分析功能。

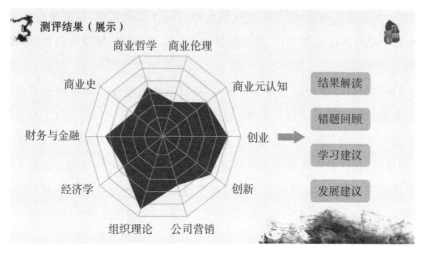

图 1-11　上海市澄衷高级中学学生现代商业素养测评结果示意图

三、 项目的意义

开展这一项目目的在于帮助澄衷学生了解商业社会和个人特质,并进一步开发个人潜能及优势。现如今,学生们背负的学习重任限制了其对课外信息的了解,学校现代商业素养特色课程的推出及学生个体现代商业素养测评报告结果的呈现,有利于学生了解商业,了解自己对商业的兴趣,为学生生涯规划提供基础参考数据。

不仅如此,项目还为学校检测现代商业素养培养效果和优化课程设置提供了科学依据。学生现代商业素养测评系统,紧密结合学校现代商业素养"商之术""商之法""商之道"的内涵设计,涉及十个模块的内容,每个模块测评题目分简单、中等、困难三个难易度,学生在高一高二高三不同的时间参加测评,其测评结果可以作为检验学校现代商业素养培养效果的重要依据。学生在整体测评结果雷达图上所呈现出来的有关现代商业素养模块的弱项,又可以为学校进一步完善课程设置提供科学依据。

第二章

财经素养培育与年级课程图谱

　　高中阶段落实财经素养培育显得尤为重要和必需。以此为聚焦点，学校由高中财经融合课程体系引领，通过三大策略穿针引线，把财经素养培育与年级课程图谱进行融合、实践及探究，致力于财经素养的培育。

长期以来,我国的基础教育比较注重学科核心素养培育,财经素养教育尽管在数学、政治等学科中有所体现,但基础教育课程中并未设置专门的财经素养教育课程,财经素养培育缺乏系统性,相较于西方发达国家,整体起步较晚。高中学生如旭日初升,是国家未来的栋梁和主人。他们能否具备较高的财经素养,能否运用所掌握和理解的财经知识参与到未来的经济生活中,这不仅仅影响到个体和家庭,也必然会影响整个国家的经济发展,因此在高中阶段进行财经素养培育具有十分重要的战略意义。

第一节　财经素养教育的内涵与当代价值

随着世界经济不断迭代,财经金融活动已然深入人们日常生活的方方面面。财经素养作为 21 世纪公民必备的核心素养之一,是国民素养中的重要组成部分,因其对提高全民素质有着重要作用,逐渐受到越来越多的关注和重视。

一、财经素养教育的发展和内涵

财经素养(Financial Literacy),或者我们称之为"财商",其概念源自于外国,但究竟起源于何时何地至今为止还没有定论。有金融领域学者(王宇熹,杨少华,2014)认为,财经素养(他们称为"金融素养")研究始于美国斯坦福大学经济学教授伯恩海姆(B. D. Bernheim)在 1995 年和 1996 年的两项研究,也有学者查阅到比之更早的文献在题目中使用了"财经素养"一词,并将其定义为在金钱的使用和管理方面做出精明的判断和有效抉择的能力。

暂且抛开这个概念、名称的源起,财经素养的内涵理念其实在中国古代早已生根发芽,甚至对我国如今的经济发展也起到了一定的借鉴指导作用。追根溯源,我国古代就有许多关于经济和财经方面的著作流传下来,例如《货殖列传》,它出自《史记》卷一百二十九、列传第六十九,其中不仅专门记录了从事"货殖"活动的杰出人物,同时也反映了司马迁的经济思想和物质观。"货殖"是指谋求"滋生资货财利"以致富,也就是说,利用货物的生产与交换,进行商业活动,从中谋财求利。司马迁所指的"货殖",还包括各种手工业,以及农、牧、渔、矿山、冶炼等行业的经营。另外还有一些广为流传、为众人熟知的我国古代经济思想的精髓与瑰宝,如战国时期的《商君书》《富国策》《管子》,宋代的《梦溪笔谈》,元代的《农书》,明代的《天工开物》,太平天国时期的《天朝田亩制》《资政新篇》等,无一不体现中华民族在经济财经方面的智慧。

我国财政部国库司司书耀处长认为,随着我国经济不断发展,财经金融活动几何式增长,社会主要矛盾变化,提高公民的财经素养具有特殊的紧迫性。从个人角度来看,财经素养教育不仅能帮助个体提高学习效率,改进学习方法,还能改变其财富观念,从而可能导致个体生活方式的改变,提升生活幸福指数。因此对个体而言,财经素养教育具有非常重要的意义。此外,从社会与国家层面来看,财经素养亦是公民应具备的能够适应社会经济生活的财经知识、技能、情感、态度与正确的财富价值观。而财经素养教育则是一种以提高受教育者财经素养为目标的教育模式,具体包含两方面主要内容,一是财经知识、技能的传播与传授,即帮助其对财政、金融、经济、管理等领域知识进行理解与学习,并教授学生运用相关知识处理经济问题;另一个是价值观与健康心理培养,即帮助受教育者形成正确的财富价值观、财经思维、情感与态度,从而正确处理物质财富和精神财富,以及个人与社会之间的关系,能够更好地适应社会经济生活。① 因此,普及财经素养教育,提升公民财经素养,不仅关系到个人未来发展,更有利于家庭幸福、社会稳定及国家安全。放眼全球,财经素养教育和提升也早已成为国际趋势。

早在 100 多年前,美国开始推行公民教育,其中就有一部分内容提到个体应该要学习一些财经方面的知识,以获得适应社会、在社会上生存和发展的能力。财经素养教育的雏形就此出现。1940 年,美国开始在中小学推行经济学教育,把很多属于经济学范畴的知识及内容纳入课程体系中。进入 21 世纪后,财经素养教育逐步受到发达国家的关注及重视,并被放在了重要的国家战略位置,其实施的普遍做法主要有:一是制定财经素养教育国家战略;二是政府部门通过整合多方力量,联手推动财经素养教育和培训;三是以学校为主阵地开展财经素养教育;四是国家层面研制财经素养(教

---

① 刘文权. 财经素养教育的内涵理解[J]. 大学(研究版),2018(09): 57—61.

育)标准或构建能力框架。美国、加拿大、英国、新加坡以及我国的近邻韩国等 50 多个国家实施了财经素养国家战略,日本、澳大利亚、新西兰、瑞典等国家和组织也在不断修订、完善财经素养教育标准,目的是逐步规范、提高财经素养教育的质量。①

财经素养教育在我国是一个新生事物,起步较晚,且发展较为缓慢。2012 年,国际学生评估项目(PISA)测试中首次引用了财经素养的相关内容,财经素养教育才开始在我国引起热议。虽然我国一些经济较发达地区开展了不少关于财经素养的活动,但对财经素养教育的研究仍缺乏系统的理论和标准规范。然而,值得欣喜的是,我国对财经素养教育日益重视。我国不仅正在制定财经素养国家战略,并且在 2006—2019 年不断从国家层面颁布政策文件,指导推进财经素养教育实施。2018 年 1 月,我国首份《财经素养教育标准框架》出台。这不仅体现了我国提高公民财经素养的决心和力度,也顺应了国际发展趋势和新时代发展要求,同时也为我国未来财经素养教育的发展提供了一个科学的指导和规范。财经素养教育已经在教育界受到越来越多的关注。

二、 PISA 测试中上海学生的财经素养表现及对财经素养教育的启示

经合组织(OECD)在 2012 年 PISA 测试中将财经素养定义为"对财经知识和金融风险的认识与理解及相应的技能与动机,并有信心运用这些知识与理解在复杂的经济背景下做出有效决策,从而改善个人与社会的经济状况,提高经济生活参与度"。②

PISA 测试对财经素养教育的内涵的定义囊括四个方面:第一是内容(content),也就是财经知识与技能的积累,这也是所有核心素养形成的基础部分。第二是过程(process),进入到第二个层次的目的和应用,即把已掌握的知识技能加以识别和运用,进行理解、分析、推理的认知过程。第三是情境(context)。财经素养侧重理论应用于实践,财经素养和生活中的具体场景、任务密切相关,需要我们对知识、技能有非常强的迁移能力,能够把已掌握的知识技能和日常生活中的实际经济金融情景相结合。举

---

① 张男星. 中国财经素养教育的学校实践[M]. 北京:科学出版社,2019:总序.

② OECD, "Financial Literacy Framework", in PISA 2012 Assessment and Analytical Framework: Mathematics, Reading, Science, Problem Solving and Financial Literacy, OECD Publishing, Paris. [EB/OL].[2018 - 8 - 8]. https://doi.org/10. 1787/9789264190511-7-en. 2013.

个例子,过年了,孩子们都拿到了压岁钱,如何合理使用压岁钱就是培养孩子财经素养的一个很好的命题。第四是影响因素。除了掌握知识、技能以及与实践相结合之外,我们还需要进行与财经相关的非认知因素的培养,比如动机、信心、责任感、金钱观等。这些人格特质同样也会影响个人的金钱管理行为。PISA 2012 在财经素养测评中还测量了学生的四个非认知因素,分别是获得信息和教育、获得金钱和财经产品、对财经事务的态度和信心、消费和储蓄行为。[①]

在 2012 年 PISA 测试中,上海学生的财经素养表现非常突出,取得了优异成绩。上海学生的财经素养平均成绩达到 603 分,在所有 18 个参与财经素养测评的国家(地区)中位列第一。在 PISA 财经素养精熟度水平量表上,达到高水平(即 5 级精熟度水平)的上海学生占上海参加测评学生总数的 42.6%,也是 18 个参与国家(地区)中比例最高的,而处于低水平(1 级及以下)的学生比例为 1.6%,是所有参与国家(地区)中最低的。上海学生的财经素养水平优势巨大,可以说,上海学生处于财经素养高端水平的比例非常高,而低端的比例则非常低,上海学生财经素养总体表现优异。[②]

PISA 测试数据分析表明:PISA 财经素养成绩与数学成绩相关系数是 0.88,与阅读成绩相关系数是 0.82,这说明财经素养高低往往与学生的数学核心素养、阅读能力密切相关。在高校中有一个金融数学专业,就是利用数学工具来进行金融研究,通过数学建模、理论分析、数值计算等定量分析,找到金融学内在规律并用以指导实践。日常生活中涉及到的一些财经方面的应用问题,无论是利息、利润等金额计算,还是股票、理财等风险投资,都需要运用数学知识和技能来加以解决。另外,学生的阅读能力也与财经素养息息相关。阅读能力是学生理解财经情境,解决财经问题,阐述和交流解决方案及结果的前提条件。可以说,阅读和数学素养是学生财经素养的基础。[③]

上海的中小学并没有专门开设财经素养教育课程,但上海学生财经素养方面的表现较优秀,主要是因为学校已经将财经素养教育的内容嵌入现有的国家教育课程体系

① PISA 2012 Assessment and Analytical Framework: Mathematics, Reading, Science, Problem Solving and Financial Literacy [M]. Paris: OECD, 2013.
② 朱小虎,杨玉冬,陆璟. 上海学生的财经素养表现及影响因素——基于 PISA 2012 的数据分析[J]. 比较教育研究,2015,37(06):36—43.
③ 朱小虎,杨玉冬,陆璟. 上海学生的财经素养表现及影响因素——基于 PISA 2012 的数据分析[J]. 比较教育研究,2015,37(06):36—43.

中或纳入校内外开展的各类活动中。许多中小学将财经素养教育的内容与数学、政治、语文、历史、英语等基础学科有意识地相融合,加大财经素养在学科中的渗透力度,不仅使原有课程变得更生动、更富趣味,而且有利于学生更好地学习财经素养的知识和技能,并将其应用到多个方面。翻阅中小学数学课本,我们不难发现此类数学应用题。例如:某企业生产一种产品,每件成本价是 400 元,销售价为 510 元,为了进一步扩大市场,该企业决定在降低销售价的同时降低生产成本。经过市场调研,预测下季度这种产品每件销售价降低 4%,销售量将提高 10%,要使销售利润保持不变,该产品每件的成本价应该降低多少元? 又或者是某人将 2 000 元按两种不同方式存入银行,将 1 000 元按活期方式存一年,另外 1 000 元按定期存一年,一年后共取回 2 034.8 元,已知定期一年存款年利率为 2.25%,求活期存款月利率是多少? 要正确解答这些应用题,需要学生认真阅读关键性语句,从给出的题干背景材料中提炼出需要解决的实际问题,弄清楚题干涉及的每一个名词、概念,分析已知条件,明确所求结论,把实际问题转化成数学问题。在有效审题的基础上进行数学建模,将已知条件与所求问题联系起来,利用数学知识把问题主要特征及关系抽象出来,再运用相关数学概念、知识及方法,或计算,或推理,得到结果或结论。在解题过程中,学生需要树立信心,保持冷静。有些学生一见应用题就犯怵,因为应用题的题干较长,情景也比较陌生,有些甚至连题目都没看完就放弃了。另外,学生还需要具备关于利润、利息方面的财经知识和素养,结合自身的阅读能力、数学学科素养,只有这样,才能确定这类实际问题的准确答案。

由此可见,财经素养教育不是单一的学科教育,它具有非常显著的学科融合及渗透性。一方面,财经决策活动本身涉及文本信息处理、数字信息处理、科学理性分析等,发展财经素养除了需要财经领域的学习和积累,还需要与阅读能力、数学能力、科学研究能力的培养结合起来。另一方面,其他相关学科的培养也可以与财经活动情境和问题进行融合,产生协同效应。例如,在培养学生的科学发明能力时,可以将发明产品的市场分析、成本分析、经济性分析等因素分析结合起来,在发展科学素养的同时,也培养了财经素养。[1]

---

[1] 苏凇,黄四林,张红川. 论基于核心素养视角的财经素养教育[J]. 北京师范大学学报(社会科学版),2019(02):73—78.

此外,财经素养教育具有向外延展性。众所周知,全球经济圈里许多精英都是犹太人,只占世界总人口 0.2% 的犹太人却控制了全世界 60% 的财富,这很大程度要归功于犹太人从小就接受财经教育。犹太家庭有一张 3 岁到 12 岁的财富教育时间表,从小培养孩子的独立、勇气、创新等能力以及正确的金钱财富观、价值观。犹太人的财经素养教育观念并非旨在把孩子培养成金融方面的精英人才,他们更注重培养能力,塑造价值观,更关注孩子个体责任感、自信心、积极乐观的生活态度等良好品质的形成。从中,我们不难看出财经素养教育的意义远远超出赚钱本身,而更在于培养一种良好的思维、行为模式。

虽然中国学生在近些年的 PISA 财经素养方面的测试中取得了傲人的成绩,但却不能等同于我国学生财经素养高。在生活中,不能自食其力的青少年大肆挥霍,盲目攀比,诸如"卖肾买苹果手机"等非理性消费现象不断见诸报端和网络。随着利益多样化等趋势加剧,各种"校园贷""裸贷"层出不穷,不知劳动艰辛、怀揣着一夜暴富思想的"啃老族"比比皆是,造成众多悲剧的产生。从现实情况看,中国学生真正的财经素养并不像测试分数那样光鲜,存在许多欠缺。因此,我们需要把财经素养教育作为突破口,进一步整体提升学生的财经素养。

第二节　财经素养培育的学校课程图谱

2016 年,为了积极践行国家教育综合改革战略要求,服务财经创新人才培养,上海财经大学与我校合作共建上海财经大学附属北郊高级中学,并创办财经人文、财经应用创新实验班。近几年来,学校抓住机遇,以培育"国际都市公民财经素养的高素质人才"为育人目标,开发财经素养类大学先修课程,与财大共同探索高中大学贯通式财经人才培养模式。

一、课程背景

财经素养培育并非一朝一夕之事,虽然财经素养教育还未被纳入国家课程系统,但学校必将成为重要的推动力量以及主要阵地。纵观国内外,一些发达国家已经形成以学校教育为主体,家庭教育、社会教育为辅助的"一体两翼"财经素养教育格局。不同学校可以结合自身特点、具体情况,有选择性地选取课程内容,采用不同的课程形式灵活开展财经素养教育。

上海市教育科学研究院杨四耕教授曾经提出中小学在迈向 3.0 课程变革的旅途中,在推进学校课程变革的过程中,要落实六个"关键动作",以便形成学校课程变革架构,创建学校文化特色,即把儿童放在课程的中央,关注儿童的学习需求与兴奋点;建构自己独特的课程图谱或课程坐标;具身学习成为课程最核心的实践样式;课程不再是"孤军作战",关联与整合成为课程实施的常态;学校弥漫着浓郁的课程氛围,自觉的课程文化是变革的结晶;聚焦儿童的成长与发展,让课程表现出鲜明的回归属性。[①]

二、 融合概念界定

图 2-1 财经课程体系
的融合原则

按照杨教授所倡导的课程建构落实理念,我校围绕财经素养培育,遵循史密斯(B. O. Smith)提出的"社会发展准则""兴趣需要原则""生活效用原则"的课程融合理念(见图2-1),创新课程内容,建设了一套符合上财北郊校情及学情的"高中财经融合课程体系"。

根据"高中财经融合课程体系"这一上财北郊独特的"课程图谱",我校强调财经素养教育应该融入日常学习生活中,在横向上与学校基础学科课程体系建设相融合,也就是把财经素养教育融入现行的语文、数学、英语、政治、历史、社会等学科课程中,通过财经素养与学科课程的渗透、整合,使学生在掌握必修科目知识的同时,在学科课程教学中潜移默化地对学生进行财经素养培育。这种方式不仅使教学更加生动,更能使学生有效学习财经知识及技能,整体提升高中学生的学科核心素养及财经素养。在纵向上,根据不同年级不同层级,使高中财经融合课程体系满足不同年龄阶段孩子的需求。

---

① 杨龙等.以素养为核心的学科课程图谱[M].上海:华东师范大学出版社,2019:02—07.

因为只有个体亲身经历和体验过的具身学习才可称之为真正意义上的学习,每个孩子都是独特的个体,拥有独特的生命体验,以及不同的发展高度和对世界的认识,所以课程体系要从孩子的不同实际出发,平衡好横向纵向的关系,理顺逻辑,这样课程才能真正整体而又连贯地"落地"。我校的"高中财经融合课程体系"既符合上海经济都市发展的需求,也注重高中生自身经验与自发需要、兴趣,旨在培育我校学生在迈入大学前具备一定的财经素养,在高中阶段能更清醒地认识到自身的兴趣、志向所在,更理性地进行自身职业生涯规划,以便将来能更好地实现人生规划,拥有幸福生活。

三、 高中财经课程体系及课程图谱

我校的"高中财经融合课程体系"具体指在数学、语文、历史等相关学科中融合财经素养教育,融合学校各类课程,具体融合内容包括:(1)学校现行的三类课程之间围绕培育财经素养展开融合;(2)将财经素养与各分科课程,包括语数外理化生政史地等进行融合;(3)上财北郊高中课程与上海财经大学等高校和社会资源进行融合。

我校以多元化、特色化和个性化为设计原则,构建以培育"国际都市公民财经素养"为目标的校本化课程体系,既满足学生学习的适应性、选择性和发展性,同时又协调、融合好基础学科,拓展学习与研究学习的关系,创立"财经奠基课程""财经广域课程""财经核心课程"等三大类型课程及相应的九个模块,在夯实学生基础课程的同时,涵盖了财经素养的必备品格和关键能力,注重培育学生的财经素养,具体内容见图 2-2。

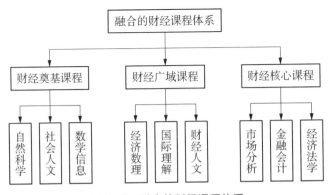

图 2-2　融合的财经课程体系

　　我校立足办学目标,自 2016 年与高校合作共建以来,经过 2017 年的初步建构,2018 年的稳步推进,于 2019 年对财经课程体系进行了全面的融合升级。如今,我校的高中财经融合课程主要包括财经奠基课程、财经广域课程、财经核心课程等三大类型课程框架,具体分为自然科学、社会人文、数学信息,财经人文、经济数理、国际理解,市场分析、金融会计、经济法学等九个模块的内容。学校在实践中不断细化财经素养,升级更新和丰富课程图谱(见图 2-3)。

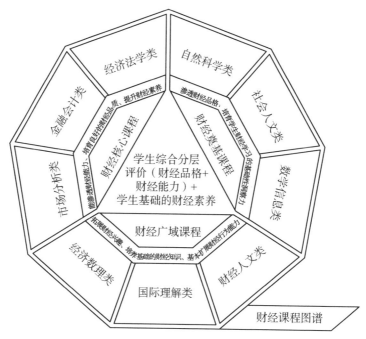

图 2-3　高中财经融合课程图谱

第三节　财经素养培育的年级课程图谱

　　高一年级是高中阶段的起始年级,学生们刚刚从初中生变为高中生,身心发展还尚未成熟。初高中学生在校时间比较长,主要接触学习的都是语文、数学、英语等学科知识,中学课程中很少涉及财经课程,因此学生对于财经知识的了解较少,欠缺一定的财经素养。另一方面,有些学生不知道劳动的辛苦,不懂得体谅父母挣钱不易,互相攀比,盲目消费,享受物质生活,形成了错误的消费观,资金规划理财能力没有有效形成或得以锻炼。鉴于此,我们认为有必要在学生逐步形成正确的世界观、人生观、价值观的关键时期上,也就是在高中初始年级开始落实财经素养教育。一直以来,我校都会对高一年级新生进行入学教育及初高中衔接教育。因此,在财经素养培育过程中,我们在高一年级就进行了许多前期准备工作,以确保学生从初中到高中学段的平稳过渡。

首先,面向初三学生,我们开设了由上海财经大学的教授及本校老师录制的财经慕课"货币银行学""放眼世界""政治经济学",建议学生在电视、互联网上收看财经类节目。通过财经节目中专家的讲述、互联网上大量的财经案例以及专题类慕课的学习来了解、获取财经知识,借此来培养学生正确的消费观和理财意识,提升他们自身的财经素养。

其次,发放《关于压岁钱使用情况的调查问卷》(见附录),收集并分析高一学生现有的消费观念、理财意识,问卷亦能反映出学生的财经认知现状及存在的问题,为教师掌握了解学生的财经素养现状,并对进一步推动财经素养培育工作提供明确的方向指引。

附录　关于压岁钱使用情况的调查问卷

同学们:

你们好,欢迎参加本次问卷调查。此次问卷调查采用不记名的形式,目的是为了更好地了解你们压岁钱的使用情况。希望同学们积极参与,在所要选择的选项上打"√",为确保数据的准确性,请务必表达你的真实想法,认真如实填写该问卷,谢谢!

1. 你赞同过年发压岁钱的行为吗?

　　A. 赞同　　　　B. 不赞同

2. 如今你是否仍能收到压岁钱?

　　A. 是　　　　　B. 否

3. 你的压岁钱总额为?

A. 1 000 元以下 B. 1 000—3 000 元

C. 3 000—5 000 元 D. 5 000 元以上

4. 通常哪些人会给你压岁钱？（可多选）

A. 父母 B. （外）祖父母 C. 亲戚 D. 家长的朋友及同事等

5. 你对压岁钱的数目满意吗？

A. 觉得太多 B. 满意 C. 觉得太少 D. 无所谓

6. 父母会要求你上缴压岁钱吗？

A. 会 B. 不会 C. 视情况而定

7. 你如何看待压岁钱上缴父母的行为？

A. 支持，毕竟不懂如何规划理财

B. 反对，剥夺了自主支配的权利

C. 无所谓

8. 如果父母留一部分压岁钱给你自行支配，通常占多少比例？

A. 全部 B. 二分之一 C. 三分之一 D. 四分之一

9. 能自主支配的压岁钱，你一般会怎么使用？（可多选）

A. 储蓄 B. 投资理财 C. 休闲娱乐 D. 购买心仪的东西

E. 献爱心 F. 随意消费

10. 你的压岁钱一般可以使用多长时间？

A. 最多三个月 B. 半年左右 C. 一年 D. 一年以上

11. 你会出现乱用压岁钱的情况吗？

A. 会，有时会冲动消费 B. 不会，会进行规划使用

12. 你对自己的压岁钱使用情况满意吗？

A. 满意 B. 比较满意 C. 不太满意 D. 不满意

13. 父母、老师等有没有给你使用压岁钱的建议？

A. 有 B. 没有

14. 你自己有没有对压岁钱的使用进行规划？

A. 有 B. 暂时没有 C. 没有考虑过这个问题

15. 你觉得你的理财意识如何？

A. 很好 B. 一般 C. 差 D. 没概念

正如之前我们所探讨的,财经素养教育不是单一的学科教育,它具有非常显著的学科融合及渗透性。因此,财经素养教育最关键的核心还是应该落实在课程上。课程是课程图谱的核心内涵,是构成课程图谱的关键要素。一切以课程为起点,与课程以及课程建设相关的元素,如课程目标、课程结构、课程设置、课程实施、课程评价等都是课程图谱的组成部分。离开了这些要素,图谱就没有了意义,也失去了存在的根基。[①] 除此之外,我们更应该关注学习对象,即学生,要从作为主体地位的学习者角度出发,关注和研究孩子们的学习需求。从年级角度出发,整体上,有全年级学生的共同需求。局部上,有部分学生的团体需求,比如资优生、学困生、特长生。甚至,从个体出发,每个学生还有自己的个性化学习需求。

根据初高中学习衔接特点及差异,基于不同群体的学习需求,依托我校"高中财经融合课程体系"这一大背景,在学校课程图谱的指引及基础上,我们高一年级根据本年级学生的年龄特点、学段特点、发展认知能力及所具备的财经素养现状,以学生为出发点,以育人目标为指引,通过课程元素的纵向连贯和横向连接,形成具有系统性、层次性、完整性的课程系统,以及本年级的课程图谱(见图2-4)。内容分为全年级学生参与修习的基础奠基型课程、拓展研究型课程以及部分学生参与的大学先修型课程、实践活动型课程。

图2-4　高一年级课程图谱

自2016年上海财经大学与我校合作共建上海财经大学附属北郊高级中学,并创建"财经人文""财经应用"两个财经创新班以来,大学先修课程已然成为高一年级课程图谱中的重要一支,也是我校的特色课程之一。近几年来,财大人文学院、经济学院、

[①] 韩艳梅.课程图谱[M].上海:上海教育出版社,2019:17.

法学院三个学院的教师们为财经创新班的学生开设大学先修课程,现已成为两年贯通课程(见表2-1)。课程面向财经创新班学生,以进一步拓展他们的财经视野,培育良好的财经品质,提升财经素养。在此基础上,我们还先后开发出市场分析、金融会计、经济法学等子模块先修内容,如上海财经大学经济学院"经济哲学""经济社会学""新闻里的中国经济"等精品课程,以此不断深化拓展创新班学生的财经潜质,进一步打造其财经核心能力。

表2-1　大学先修课程表

16学年第一学期	16学年第二学期	17学年第一学期	17学年第二学期
刘长喜 经济社会学	曾坚 行政与法	刘长喜 经济社会学	曾坚 行政与法
林晖 新闻里的中国经济	姚少杰 历史中的法律	林晖 新闻里的中国经济	周杰普 营销策略
朱璐 中国古代商道	赵维加 经济法学	康翟 经济哲学	姚少杰 历史中的法律
	单飞跃 环境法	李眺 经济学原理	曹静陶 劳动法学
	李睿 商务统计案例分析	董静 战略与竞争	
		江晓东 品牌与消费者洞察	

第四节　财经素养培育与年级课程图谱融合实践

除了部分财经创新班学生参与的大学先修型课程之外,高一年级的财经素养培育主要与基础奠基型课程、拓展研究型课程、实践活动型课程相融合,通过三大培育策略的探究及实施,渗透落实到具体课程中,在培养学科核心素养的同时,向外拓展延伸,加入项目化整合,从而使财经素养培育真正落地。

一、与学科核心素养相结合的双通道培育策略

　　财经素养教育的有效开展不是孤立的,而是融合在符合高中学生身心发展规律的课程建设中。在基础型课程实施过程中,除了培育学生的学科核心素养,学校也需要主动建构符合经济教育目标的课程体系,采取灵活的教育教学形式开展财经素养培育。与此同时,还可以利用学科之间的知识交叉点进行课程之间的互补。以数学和政治这两门与经济、财经息息相关的学科为例,财经素养的培育可以在教学实践中以该学科为生长点拓展生成,在常态课或学科内各类活动中推进,促使我们将财经知识和学科知识融会贯通,这样不但可以提升学生的学科核心素养,使其感受到学校基础学科知识的实用性和意义,而且增加了学生的经济知识与能力,从而培育了学生的财经素养。

案例 1

我校韦艳丽老师的"高中数学"课程之"经济问题中的数学建模"

　　生活处处离不开经济,高中数学建模教材中也涉及很多以经济为背景的活动案例,如削菠萝、"诱人"的优惠券、出租车运价、外卖与环保等。本文从数学建模案例——削菠萝来讨论经济问题,充分联系生活实际,使得数学变得有现实关联性且更有趣。结合生活中的财经问题,通过建模活动不仅可以培养学生"数学建模"的核心素养,还渗透了经济知识和经营意识,发展了学生财经素养。

　　数学建模内容与数学知识的逻辑结构没有直接的关系,不依附于特定知识性内容的教学,而在于强调数学知识在解决实际问题中的应用,强调它的活动性、探索性和综合性。从中可以看出,数学建模主要围绕着创新能力和实践能力进行。其中发现和提出问题是创新意识的核心,分析和解决问题是

实践能力的表现。建模思想贯穿整个高中数学教学,在不同阶段,学生要正确认识并掌握建模思维,这样有助于学生理解和掌握数学知识,提高数学学习能力,也为以后更高层次的数学学习打下坚实的基础。

下面以一个削菠萝建模活动案例,谈谈学生如何将数学知识和方法应用到实际生活中。

9 削菠萝

在菠萝上市的季节,为方便消费者品尝到新鲜的菠萝,水果店通常有专人帮助大家削皮去籽,方法多样。其中一种刨削方法很有艺术味,削完后,菠萝上留下的是一条条螺线形的凹槽。

在品尝香甜的菠萝肉时,你是否想过水果店员工为什么这样削菠萝?请从数学角度来思考并给出说明。

图2-5 削菠萝

削菠萝建模活动案例呈现及分析

每年四五月份,有很多水果店大量供应菠萝,而且价格实惠。但是菠萝不同于其他水果,它有很多籽而且长在果肉中间,要剔除掉才能够食用。削皮去籽的方法有多种,有横切、纵切、斜切。学生可能会从生活常识角度或美学角度提出自己的见解,但很难从数学角度来论证。那么,哪种办法损失的果肉少呢?

基于此,我们可以提出几种假设:(1)假设菠萝籽的排列是规律的错位排列;(2)假设横切、纵切及斜切花费时间相同;(3)削掉的菠萝肉的深度和宽度都相同;(4)菠萝是圆柱形。同时建立相应的模型:我们用点表示菠萝籽,籽与籽之间的连线表示削掉的果肉,那根据三种削法,切割路径如图 2-6 所示。

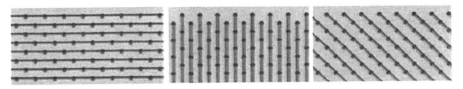

图 2-6　横切、纵切、斜切示意图

　　计算削掉的果肉长度即求出线段的总长,需要先观察局部:相邻四个点之间连线构成的形状,如图 2-7 所示。四边形 $ABCD$ 的形状由学生自己判断,可能是一个菱形,可能是一个正方形。判断的形状不同,计算的结果就不同。本节以四边形 $ABCD$ 是一个正方形为例。

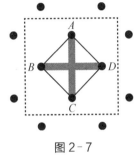

图 2-7

　　其中 BD 表示横切削掉的相邻两颗籽之间的果肉长度,AC 表示纵切削掉的相邻两颗籽之间的果肉长度,AB(或 AD 或 BC 或 CD)表示斜切削掉的相邻两颗籽之间的果肉长度。那么 AC、BD、AB 之间又有什么关系呢?

　　我们可以假设 $AB=a$,$BD=AC=\sqrt{2}a$,那么,为了求解削掉的果肉长度(线段总长),我们还需要计算三种削法各自的总段数。总段数与菠萝籽个数相关。根据图 2-7,我们将其抽象到一般,假设一行上有 s 个菠萝籽,一列上有 k 个菠萝籽。由于菠萝籽是错位排列的,每一行上有 s 个菠萝籽,就会产生 $2s$ 列菠萝籽。因此菠萝籽个数应该是 $2ks$ 个,纵切的线段总长为 $2\sqrt{2}ksa$。同理,横切和斜切线段总长分别为 $2\sqrt{2}ksa$、$2ks=2ksa$。由 $2ksa<2\sqrt{2}ksa$ 可知,斜切损失的果肉少。由斜线总长与横线(纵线)总长之比为 $\frac{\sqrt{2}}{2}\approx0.707$,我们可以得出结论:斜切比横切(或纵切)多保留了约 30% 的果肉。

　　确实,很多菠萝籽的排布是符合我们刚才建立的数学模型的,这一模型也很好地解释了商家为什么这样削菠萝,因为这样削菠萝损失的果肉最少。但是,是不是所有的菠萝籽排列都是正方形呢?通过观察就可以发现,菠萝籽排列还可以是菱形。我们可以大致估计菱形 $ABCD$ 内角为 $\angle BAD = 60°$ 和 $\angle ABC = 120°$,此时 $AB = BD < AC$,此时,横切和斜切损失的菠萝肉量相等,纵切损失的菠萝肉量最大。

图 2-8

其实,菠萝果实的表层有许多六边形,如图 2-8 所示。每个六边形都是一颗小果实,在生长的过程中联合在一起。这些六边形整齐地排列着。从上往下看时,它们不是呈标准的蜂窝状拼接,而是形成两类相互交叉的螺旋。一类螺旋是逆时针旋转的,包含 8 条螺旋线;另一类是顺时针的,包含 13 条螺旋线。我们可能还会看见第三类螺旋,以顺时针旋转,包含 5 条螺旋线。所以斜削还可能是因为菠萝籽本身是螺旋状排列的。

在削菠萝活动中修正模型是一个重点,如果模型很难,解不出来,如何去修正模型让它变得简单(设立什么模型使得模型可解)。每个模型的开放程度不同,开放的地方也不同,削菠萝活动中假设可以是开放的,如菠萝籽的排列呈正方形或菱形。

由于数学建模是必修课中新增的内容,学生对建模活动较陌生,因此第一次建模就显得尤为重要,教师角色如何设计活动让学生参与进来?第一次建模不宜太开放,教师要让学生知道自己是在建模;可将活动的整个环节设计全部抛给学生,让学生有整体感受;问题的提出部分可以留时间给学生,面对情境他们会提出什么样的问题?通过数学建模活动,学生逐渐提高自身财经素养,且有意识地运用数学建模的思想看待财经问题,相信在后续研究中,必定可以增强学生独立研究、自主建构模型并有意识地运用这些知识解释财经现象的能力。

案例 2

我校吴琼老师的高中政治课程之"高中思想政治课财经素养培育路径
——基于必修二'坚持毫不动摇巩固和发展公有制经济'的实践与思考"

《普通高中思想政治课程标准(2017 年版 2020 年修订)》(以下简称课程标准)强调:"高中政治课程具有学科内容的综合性、学校德育工作的引领性和课程实施的实践性等特征,它与初中道德与法治、高校思想政治理论等课程相互衔接,与时事政治教育相互补充,与高中其他学科教学和相关德育工作相互配合,共同承担思想政治教育立德树人的任务。"高中政治课程与其他课程相比更有责任承担起培育学生财经素养的重任,是学生接受财经教育的主要渠道,因此以高中思想政治课程内容为依托,实施财经素养教育,探究其培养路径与方法至关重要,符合新课改的趋势。教师基于高中政治"经济与社会"第一课第二框"坚持毫不动摇巩固和发展公有制经济"的教学实践,思考了高中思想政治课程融合财经素养培育的路径与方法。

1. 教学内容挖掘

培养学生的财经素养,首先要传授基础的财经知识,只有学生先掌握了基本的财经知识,才能更好地参与财经活动。纵观高中政治新教材不难发现,很多内容都蕴含着财经知识,其中以必修二"经济与社会"最为显著。因此教师要善于挖掘教材中蕴含的丰富资源,结合课程标准要求,顺应时代发展需要,传授财经知识,引导学生树立健康的财经观念,提高学生的财经能力和素养。

2. 教学目标统摄

在高中"经济与社会"课程中实施财经素养教育,教师的首要任务是根据课程所涉及的具体财经素养教育内容自行进行调整,课前明确教学目标,包括课程内容里面所包含的财经素养内容的教学目标是什么。所树立的目标既要有对经济知识的消化吸收,也要有运用财经知识指导实践的掌握,更要有通过经济知识的学习和实践活动的参与,得到财经意识和素养的提高,这样才有利于学生树立正确的人生价值观,符合思想政治课程的目标追求。

具体到教学实践中就是把原来单一的课堂转变为目标多维的课堂。比如在"坚持毫不动摇巩固和发展公有制经济"这一课中,我在研究教学内容的基础上将教学目标确定为:(1)通过阅读、比较世界500强排行榜数据,感受公有制经济在国民经济中的主体地位进一步得到巩固,国有经济的主导作用在不断增强。(2)通过阅读、分析联通混改、南汇水蜜桃发展的现实例子,基于国有经济和集体经济发展过程中现有问题的思考,阐述壮大国有经济和集体经济的有效措施。(3)通过比较发展国有经济和集体经济的途径,理解通过创新,改革生产关系从而推动生产力发展的重要性,增强对于毫不动摇巩固和发展公有制经济的认同感。

3. 教学议题引领

课程标准在"教学与评价建议"部分提出"围绕议题,设计活动型学科课程的教学",指明议题式教学是当前思政课教学的重要抓手。在设置议题时,首先要从教学重、难点出发;其次,要贴近学生生活,调动学生的主动性,促使学生主动探究知识;再者,要与社会经济相互连接,拉近学生与社会经济的距离,通过分析社会经济议题,培养学生财经素养和社会经济参与意识及责任感。议题既可以是独立的、单一的问题,也可以是结构化、序列化的问题,围绕一个主题展开若干个子议题。例如在"坚持毫不动摇巩固和发展公有制经济"这节课中,课程标准建议第一课第二框的议题是"为什么要坚持两个毫不动摇",我结合本节课细化的具体教学内容,将本节课议题设定为新时代如何更好地坚持毫不动摇巩固和发展公有制经济,在这个主议题下又分设了两个子议题:如何壮大国有经济和如何发展壮大集体经济。开展议题式教学,使学生在思想政治核心价值引领下,掌握财经知识,培育财经素养。

4. 真实情景呈现

课程标准要求学科教学要"以主题为引领,使课程内容情境化,促进学科核心素养的落实"。经济知识比较抽象,离学生比较远,因此教师要善于依据学生身心发展规律,创设典型的、真实的问题情景,用学生喜闻乐见的方式将经济生活的丰富性和深度性充分展现出来,让学生基于社会经济发展的真实状态的分析,思考如何解决具体的问题,从切身的理解中把握国家立场,落实立德树人的根本任务,提升财经素养。

例如"坚持毫不动摇巩固和发展公有制经济"一课,从学科知识层面来说,理论性较强,对学生来说理解上有难度。从学生课前预习和提出的问题看,学生对我国经济领域中的国有企业、民营企业、外企有一定的感性认识,但不全面,同时缺乏对时政的关注,导致学生将学科知识与经济现象关联起来的能力不够,学生在理解"是什么"的问题浮于浅层,又进一步影响了"为什么"问题的理解。基于学情分析,我创设真实情境,依托"联通混合所有制改革"的案例,增强学生对国家国企改革政策的认同感;又依托"南汇水蜜桃"的案例,引导学生理解发展壮大集体经济的举措和意义。这些情境是学生比较熟悉的,因此自主探究就可以以情境为基础徐徐展开,从感性认识上升到理性认识,感受我国在不断完善基本经济制度,增强对我国经济制度的认同感。

5. 问题任务驱动

问题是实现任务的驱动器,在课堂中教师应围绕学生可以感受和参与的真实情境,提供问题链,充分体现任务驱动,通过发现问题、分析问题、解决问题的过程,提高学生的综合能力。但教师要注意问题链的设置要有渐进性,为学生的学习搭建逻辑支架,引导学生逐步深化思考,在不断启发中水到渠成地得出结论,确立健康的财经观念,这个过程实质上就是在提升学生的财经素养。

例如在"坚持毫不动摇巩固和发展公有制经济"这节课中,我通过"面临哪些困境""采取哪些措施""如何发挥作用""带来怎样影响"这样层层递进的问题串让学生自主探究,阐述归纳壮大国有经济和农村集体经济的有效举措,增强对国家改革政策的认同感,促进财经素养的培育。

6. 社会实践深化

任何学科素养最深厚的源泉在于社会实践,并随着社会实践的发展而不断丰富、完善。提升学生的财经素养不能囿于课堂,教师要激励学生积极投身社会活动,创造更多让学生接触和参与财经生活的实践机会,提高学生的主体参与度。这样既可以拉近学生课堂学习与生活的距离,又可以使学生在社会实践活动的历练中、在自主辨析的思考中提升财经素养。

例如在"坚持毫不动摇巩固和发展公有制经济"一课的最后,我布置了一项作业:通过小组合作查找近年来国家促进非公有制经济发展的政策措施,搜集一个具体的非公有制企业的例子,深入采访探究这些措施是如何助力非公有制企业的发展的。这份作业提供给学生社会实践的机会,从而使学生的财经能力得到锻炼,促进学生财经素养水平的提高,也为下一节课"坚持毫不动摇鼓励、支持和引导非公有制经济的发展"奠定了良好基础。

总之,思想政治课财经素养的培育是有具体操作路径的,只要我们按下思政课财经教育的"加速键",采用恰当的教学方式,思想政治课一定能够与财经生活"同频",与社会主义市场经济的时代"共振",真正提升学生的财经素养,让学生内化于心、外化于行。

二、 以真实生活为依托的外延培育策略

上海市教育委员会副主任尹后庆老师曾经说过财经素养是多学科教育结果的综合表现,要更多地与学生的经济生活和社会生活相互联系。我们培养学生的财经素养,不是让学生去答各种数学题,而是在足够真实的情境里培养学生的财经能力。也就是说,财经素养和其他学科知识的不同之处在于财经素养和具体活动、任务、情境有密切关系,这就要求我们对所掌握的知识和技能有举一反三的能力以及强迁移能力,需要跟生活中的实际财经活动、财经情境进行很好的结合。建构主义理论认为,学习是学习者在探究理解的过程中建构知识的活动过程,人类的学习和思维发展是在丰富且真实的情境中得以实现的。财经素养与学生的日常生活息息相关,财经素

养培养的目的在于让学生能够更好地应对现实生活情境中纷繁复杂的财经问题。教师应通过情境创设,吸引学生的注意力,锻炼学生通过情境探究问题的思维能力,发挥学生财经知识的迁移应用能力,也应培养学生对投资理财的兴趣和科学的认知态度。①

案例 3

我校胡秋伟老师的"财经英语"课程之"证券投资"

拓展课程"财经英语"旨在通过英语专题活动引导学生对城市发展及变迁进行有效深刻的了解,特别是金融业的发展。它不仅推动城市经济平稳健康发展,也有力促进了城市规划建设和高质量的发展。上海作为金融业高度发达的城市,正在向迈入全球金融中心的地位不懈努力。借助财经素养与拓展研究型课程相融合,通过系列专题活动注入财经因素,探寻财经课程在拓展研究型课程中的融合方式,进一步加强两者间的关联内容和实施途径。

本课程的具体目标是:(1)了解上海证券交易历史变革,证券交易所对上海金融业乃至全国金融业的重要作用,深刻理解证券业的发展在整个国家现代经济中占据举足轻重的地位。(2)系统学习证券、金融方面的英语专业词汇,并结合已有的英语语言知识,较为熟练地就证券、金融等相关话题表达个人见解,从而培养学生的语言能力。(3)通过组织带领学生实地参观某证券公司营业部,激活学生已有的文化知识。联系现实生活,领悟生活百态,从而培养学生的文化意识。与此同时,根据参观学习所获得的实际信息或遇到的实际问题,提出个人观点和批判性建议,从而提升学生思维品质,以及自主学习及合作学习的学习能力。

---

① 林队改.浅谈高中生财经素养的培育策略[J].中学政史地(教学指导),2019(01):88—90.

表2-2　证券投资与财经素养融合目标可视化表格

学段知识模块		个体与社会	货币与金融	收入与消费	投资与风险	价值与提升
高中	知识	了解个体不论是存款、证券、投资,都是整个社会经济活动的一部分。	货币只是金融的一种表现,整个金融业是宏观的。	收入与消费通常呈现正比关系,提高居民收入是政府最关注的。	投资总有得失,特别是在证券投资方面,学生要充分了解其风险。	知识的学习是逐步累积的过程,投资证券也是一个渐进的过程。在这一过程中,人们的理念和思维会得到提升。
	能力	通过对证券市场的了解,认识到证券市场对整个金融业起着很大的作用,它是城市发展的强大动力。				
	思维	培养学生善于思考:1.证券市场对经济发展的功能性作用;2.让学生认识到金融发展与国民经济的关系;3.启发学生思考城市金融业将来的远景。				
	价值观	引发学生对金融方面的兴趣,培养学生学习更多的金融知识,合理定位,热爱自己所学专业,为这座城市做出贡献。				

表2-3　财经英语课程教学过程

教学环节	教与学活动
学科背景知识介绍	初步介绍证券营业部的功能。 Teacher gives a preliminary introduction of stock exchange.
教师提出学科与财经融合的活动问题	如何进行股票投资,各自进行分工协作。 Students conduct group discussion: How to invest in stocks.
走访活动前期准备	班级分组,每组 4—6 人,选出组长。 Teacher divides class into groups of 4 to 6 students. 在教师的指导下,对所投资企业进行分析认证,查阅相关资料,做前期准备。 Under teacher's instruction, students analyze entities and consult learning materials.

续表

教学环节	教与学活动
学生开展财经融合走访活动	学生小组进行相关讨论,确定投资目的。 Students carry out group discussion and settle investment purposes. 完成模拟盘操作,对所投资企业进行追踪观察,了解股票的走势情况。 Students finish their operation on stock simulation app, track the activities of entities concerned and get hold of the trends of the stocks.
财经融合活动交流与评价	对投资活动中所发现问题和得失进行小组探讨,完成投资分析报告。 Students go on with group discussion on problems they encountered in the process. 班级进行交流展示,学生和老师共同完成活动评价。 Students and teacher finish activity assessment through class presentation.

在活动主题的引领下,学生小组带着各自的活动问题走访某证券公司营业部,了解股票交易的各个环节,之后在课堂上完成各小组的交流展示。教师提供关于此次主题的英语文本材料,让学生提前预习关于证券的相关内容。通过活动来培养学生的语言能力:表达个人见解,较为熟练地使用已有的英语语言知识;文化意识:激活学生已有的文化知识。联系现实生活,领悟生活百态;学习能力:善于自主学习和合作学习;思维品质:根据获得的信息,提出个人观点和批判性建议。

教师在活动交流中引导学生初步了解证券发展及投资证券策略,从个体企业投资去展望整个经济运行情况。首先,证券市场有着国民经济晴雨表的功能。投资证券就是要了解宏观和微观经济的发展状况。企业有自己的文化、管理、财务等,这些都影响着它的股价。同样,国家经济的发展,金融宏观环境的变化以及财务和货币政策都会影响整个证券市场。全球金融状况,甚至国际政治事件都会对全球证券市场产生巨大影响,因此学生要知道证券投资是一门深奥的学问。

教学反思：

"财经英语"课程之"证券投资"——探寻证券营业部活动旨在引导学生走进上海的证券发展历史，了解金融投资对每一位城市生活人的重要性。不论是货币存银行、投资，或者是股票、债券，都和每个人息息相关。城市的发展目标就是为每个生活在城市的人创造美好生活。

由于受到升学压力、各种考试的束缚，如何协调升学与素养培育的矛盾并开展高质量的财经素养教育是摆在我们一线教师面前的一道难题。在"双新"背景下，教师必须直面变化，适时调整课程体系，聚焦学生学习方式开展新研究和新的教学探索。创新培育方式是真正提升学生财经素养的关键，财经素养的培养需要财经通识类、启蒙类、跨学科交叉课程。这就需要教师引导学生学习基础知识，更需要依托于真实的情境与体验，让学生在财经素养提升过程中，主动学习，积极投入实践。因此，在课程教学中，教师要与新课标相对接，通过拓展课程中的财经参与类活动，引导学生接触真实的投资过程，感受到证券投资的魅力所在。过程中必然会有成功或失败，但失败乃成功之母，学生所遭遇的失败可能可以更有效地引导他们深入探索、研究、总结自身的投资经验。

教师在课程实施过程中，还需要密切观察发现学生的学习能力问题。学生个体间的分析能力、思辨能力、组织能力、表达能力等区别较大，要让学生在学习、参与的过程中成长和进步，财经素养的培育要和其他能力的提升相结合。与此同时，教师还可以融入一些其他方面的教育，如道德情感文化素养、学习能力思维素养、交际能力、灵活性、团队合作精神等等，进一步认识到财经活动在培养学生财经素养过程中所带来的种种益处。

从学生学习角度来看，通过对参观走访活动中所发现的问题进行总结和思考，还可以提高培养学生对新事物的运用，同时拓展他们的思路，加深对财经类活动的兴趣以及提高自身财经素养。从英语文本材料出发，此类活动还可以拓展学生在英语学科方面的语言能力、文化意识、学习能力以及思维品质，可谓一举数得。

学生感受：

参观了上海的某证券公司营业部以后，我愈发深刻地感受到，在"百年未有之大变局"中，金融业对于上海长足发展具有着至关重要的作用；与此同时，经济转型决定了未来经济的发展速度与趋势，对于稳步前进的上海和中国来说都起着举足轻重的作用。

在聆听了技术员们对于股票、期货等证券基本知识的讲解，以及观察学习了证券投资操作模型的架构和建设后，我观察到以下一些令我感到触动的现象，它们大多都与经济转型有关。

首先，我在实地考察前，对于"营业部"的认识仅仅在股票交易方面。但是，营业部中的技术员不但提供了股票的交易意见，而且有水平更高的技术员在进行债券、基金等交易。更有甚者，公司营业部的管理人员对于香港证券交易所、纳斯达克交易所的一手资讯都了如指掌，甚至快速成立专门的小组去研讨 3 日内的投资计划。多种多样的投资方式得到了有效发展，表明了我国在建设资本市场中稳步推进，不仅给国内投资者提供了各种投资方式，而且积极融入世界的资本市场，体现了我国对于资本流动的自信。

其次，在股票的股价排名中，单只股票现价最高的有许多，如关于生物医药、半导体、互联网和医疗保健等其他服务业等等。股价高体现了投资者对于这个股票的兴趣，相同类型股票的投资热潮体现了投资者对于这个行业前景的看好。这些行业作为我国经济从物质消费到医疗、通讯等服务消费转型的行业代表，都是我国正在大力扶持的朝阳产业，有着非常好的发展前景，亦体现了我国人民对于美好生活的期望。因此，经济转型作为重中之重，对于投资有着裨益，对于中国和上海都是各行业权重调整的参考，是符合地区发展优势的晴雨表。

再者，我发现营业部不仅仅局限于投资业务，因为营业部里专门成立了一个部门，研究我国经济转型政策。在参观的时候，我有幸旁听了关于供给侧改革下大数据技术对化工行业影响的一次会议。这说明经济转型是有国家政策的强力支持的，在一项项条款的规定下，各个实体在自身管辖的范围内进行了一定的改革，无论是供给侧改革，还是对于长期以来国有企业的一系列改革，都是推动经济发展，从而完成经济结构性转型的宏伟目标的扎实行动。

在参观结束以后,我查阅了部分资料,通过电话与营业部的技术人员进行了关于经济转型的深入交流,又得到了一些信息。当前我国的经济转型主要是根据我国行业的可持续发展能力不强,通过高新技术带动产业进行结构升级,最后达到经济从高速增长到高质量增长的目标。可以通过推论得出,经济转型"根本中的根本"是技术支持,这与技术的掌握有关。进一步说,教育、知识对于技术的掌握有着极强的支撑作用。因此,我更应该在学习基础知识之余,在自己感兴趣的领域进行深入的钻研,用好奇心和不懈的探索精神掌握尖端技术,为我国经济的长足发展做出自己的贡献。

窥一斑而见全身。一次富有前沿性知识的参观,带给我对于我国经济现状和经济转型成果的全新认识,我真是深感荣幸!

三、 以实践活动为补充的项目学习策略

美国教育学家杜威倡导"以活动为中心""以学生为中心""以经验为中心"的课堂教学方法,强调对知识技能的综合运用,注重在实践中培养学生的行为认知能力、创新意识、社会责任感以及良好的个性品质。拓展实践活动作为课堂的补充,以活动为载体,倡导实践、探究、体验、合作、反思等多样化的学习方式。学生参与拓展实践活动,自主探究,亲身体验,在实践中进行沟通、合作、反思,继而在反思中得到收获。拓展实践活动亦有利于学生主动、积极思考生活中遇到的经济现象,关注社会生活,理论联系实际,运用所学财经知识分析社会经济现象,其在加深对所学知识理解的同时,也锻炼了学生的财经行为能力,促进财经素养的养成。[①]

案例 4

2017—2018 Tycoon in schools 校园大亨创业体验实践活动

学生团队在项目初期阶段进行了多次产品研发方面的调查问卷。结果

---

① 肖敏.综合实践活动:中小学生财经素养培养的新路径[J].中国校外教育,2018(10):51+67.

显示,比起工厂流水线上生产的物品,现在许多人更追求个性化、独特性,更喜欢DIY的纯手工工艺品。因此,根据问卷结果及团队成员的特长特点,学生团队成立了以DIY手工制作为主打产品的工作室并参与了"校园大亨"创业大赛。

经过进一步的市场分析和调研,工作室以"堇色"为主题,设计制作了一系列手工工艺品。"堇色",出自"堇色年华"一词,寓意美好的青春年华。而"堇色",即紫罗兰花的颜色,能让人联想到美好宁静的光阴。如今人们的生活日益趋向机械化,纯手工制作的精致物件儿似乎越来越弥足珍贵,一如美好宁静的光阴。

图2-9　"校园大亨"创业体验·实践活动

工作室的产品主要分为三个主题:第一个主题是个性化;第二个主题是环保;第三个主题是创新。其商业理念是"让最不起眼的东西也能绽放出最绚烂的光芒,安于平淡但绝不屈服于平庸"。

根据系列手工艺品的分类,工作室将商业理念定位在这三个词上:"环保,个性化,创新"。环保,顾名思义,即不刻意去购买贵而精致的原材料,取而代之的都是生活中不那么起眼,甚至看起来没什么用,有时还可能会被当

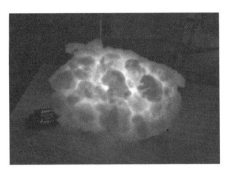

图2-10 工作室产品手绘帆布袋　　　图2-11 工作室产品"云朵灯"

成废物扔掉的东西,将这些东西通过自己的智慧创意以及灵巧的双手使其变废为宝,达到二次利用的效果,例如石艺画和云朵灯。个性化,就是按照顾客的要求,将指定产品在一定范围内改造成独一无二的,对顾客来说有特殊意义的东西,例如手绘帆布袋。而创新,则是通过一些较前卫的技术,如3D打印等,将某些产品构思、创意、灵感变成现实,例如产品展示中的3D涂色板。

根据商业理念,工作室开发了几类主打产品:

云朵灯: 之所以会有制作云朵灯这个想法,主要是因为工作室成员得知由于家中空间有限,体积庞大的旧棉被的处理与放置对家长来说一直是个难题。结合之前在网上曾看到过"云朵灯"的样品和制作过程,经过讨论之后,大家最终决定尝试通过将废旧棉絮拆分以代替原材料中的高弹PP棉,如法炮制了"云朵灯"。和预期一样,预购单纷至沓来。可以说,产品的美感很让人们心动。

手绘帆布袋: 根据前期调查问卷结果显示,大部分人对于DIY手绘帆布袋抱有很大期待。出于环保考虑,购物袋的需求不断增加,但市面上的购物袋要么图案单一,缺乏特色,要么卖得很贵,往往没有定制服务,因此工作室推出了价格较为亲民,又提供来图定制服务的手绘帆布袋。纯手绘,采用可循环材料,十分环保实惠。

3D打印涂色板：目前我们的3D打印产品中，小猪佩奇涂色板销售最为火爆。这个产品之所以会卖得火热，是因为在涂色的过程当中，顾客可以亲自动手体验制作，不仅从中获得了DIY的乐趣，也能使身心得以放松，起到减压舒缓情绪的作用。除此之外，组员根据网上教程进行3D打印建模，先做成最初始的涂色模型。在产品研发过程中，为了考虑顾客的不同需求，推出了私人订制，根据不同顾客的不同要求，提供个性化服务，例如：男生可能比较喜欢高达之类的手办，而女生更偏爱一些装饰品。通过提升产品的个性化和多样性，以此吸引更多顾客。而在小批量生产的基础上，工作室每周还会推出一种新产品，来保证新鲜度。

工作室采取了线上线下共同发展的销售策略：销售前，发放线上及线下问卷来调查顾客较感兴趣的产品，同时进行推广宣传。销售时，通过设立工作室官方账号及与其他学校合作联动宣传进行推广，线上线下同时进行预订。利用本校团委学生会公众号进行宣传，每周推新以提升新鲜度。以制订购物满减、几件以上享折扣、幸运福袋等销售策略拉动销售量。

工作室对之后的发展前景进行了展望，将推出更多样式的3D打印小玩具，例如目前大火的"旅行青蛙"等。之后，工作室会和更多的兄弟学校联系，增加销售渠道，拓宽市场。另外，工作室也在积极拓展销售目标人群，例如，向幼儿园批量售卖3D打印小玩具；向平日买菜的妈妈们出售自制环保袋等。工作室在学校中组织了一场手绘购物袋活动，邀请感兴趣的同学前来绘制属于自己的DIY帆布袋。这是工作室首次尝试让顾客亲手制作他们想要的产品，没想到此次活动反响非常热烈，大部分同学都兴致盎然。通过这次活动，工作室也拓宽了经营思路，除了销售产品外，还可以以销售服务的方式来提升销售量。工作室只需要提供原材料，让顾客自行DIY，就可以节省不少人工成本费用。由于创业大赛有时间限制，无法发展形成一套系统完善的DIY服务，因此目前工作室打算凭借现有产品的质量与创意吸引更多顾客对亲手制作产生兴趣，日后利用部分利润创立拥有独立空间的实体DIY工作室，进一步扩大经营范围，并增加手工制作教学活动。

图 2‑12　校园大亨比赛决赛现场

学生赛后感悟

从报名参赛到参加启动仪式,从培训和市场调研,再到编写计划和计划的实施,以及之后的展示。"校园大亨"比赛已经落下帷幕,我来谈一谈参赛过程中的一些体会。

起初,报名参加"校园大亨"更多是因为自己的兴趣和好奇,但在参赛的过程中,感受到的更多是各种各样的不易。我们往往受限于高中阶段所能学到的有限知识及我们尚短的人生见识与眼界,这是将创意付诸实践,并将其化为盈利能力的过程中面临的最大瓶颈。而其他的困难还有很多,诸如营销、产品制作等等,我们都需要一一克服。挑战的过程,便是我们的成长过程。

对于我们这样一个团队而言,重要的是团队内部的合作、协调与团结,这是我们取得成功的根本和基础所在。只有协调好了团队内部的关系,每个人尽心尽力,用自己的能力,努力完成自己的任务,才能获得最后的成果。在校园大亨的整个活动过程中,还要兼顾日趋繁重的学业压力,这对于我们来说的确是一个不小的挑战。在参与"校园大亨"赛时,我们正处于高二下半学期,而这正好是高中的一个关键时期,我们正面临着高考的第一场考试:生物地理等级考。这对于我们的整个高三和高考来说都至关重要。因此,在这个时间点上,要充分兼顾校园大亨比赛和学习,这考验了我们的抗压能力,更要求我们要有出色的时间控制与管理能力。

最重要的是,参加像校园大亨这样的商赛有助于提升我们高中生的财经素养。对于有志于报考商科专业的同学来说,商赛给我们搭建了很好的平台,能够让我们接触到各种各样的人,加强与社会的联系,并且对于商科有初步的认识与了解,也能更清楚自己是否适合商科。对于大学要学习的理论知识,商赛也是很重要的将理论变为实践的过程。而对于大多数同学来说,在大学里会进入商科之外的专业进行学习,那么高中商赛对于财经素养的培养就显得更加难能可贵,因为财经素养作为一种表现人们处理财经问题,维系个体持久生存与社会持续发展的能力素养,对于当今社会的人来说是不可或缺的,更是能够决定一个人未来能否实现经济生活上的幸福与可持续发展的关键素养之一。在"校园大亨"比赛中,不仅要自己做简单的财务报表,更要有对于整体项目的把握,这当中就涉及到许多与经济学相关的基本知识,而这些知识对于我们日常乃至人生的重要决策都有所帮助。因此,我很感谢学校能够让我们在高中时期就有了商赛的经验,这不仅是一种独特的体验,更为我们的财富人生奠定了重要的基石。

第三章

核心素养培育与馆校合作科学诠释课程图谱

如何在博物馆里体验科学诠释？馆校合作科学诠释课程图谱在实现对学生综合能力的培养，促进学生认知、思维、能力、情感全面协调和核心素养的发展中发挥重要作用。

随着社会的快速发展，对人的知识、能力、素质要求不断提升，中小学生成长也需要增添与时俱进的内容。国家先后颁布的《关于加强文教结合、完善博物馆青少年教育功能的指导意见》《关于推进中小学生研学旅行的意见》《中小学综合实践活动课程指导纲要》等文件均表达了教育作为一个系统性工程，学校教育是教育的重要组成部分，但学校教育不是唯一的教育途径。教育应该走出校园，拓展学习空间的边界。在学校向外寻求教育资源的同时，恰逢公共博物馆领域的变革，博物馆将教育作为首要职能以充分实现它的社会价值，更好地顺应时代发展。习总书记在联合国教科文组织的讲话中也指出："要让收藏在博物馆里的文物，陈列在广阔大地上的遗产，书写在古籍里的文字都活起来。"博物馆开始走入大众的视野，它受到教育使命召唤。这些都使学校和博物馆这两个本处于不相交的组织得以相遇，博物馆的教育功能得以更好施展。

第一节　馆校合作科学诠释课程的理念与意义

一、馆校合作科学诠释课程的理念

博物馆学习是一种非正式学习活动，目的是提供参观者将个人经验和展品互相联系的机会，以参观者的活动为主。与学校教育相比，博物馆学习属于非正式学习的范畴。非正式学习是相对于在教室及学校中的正式学习而言的，它强调与普通学校制度中教师主动带领学习的教学实践的差异，而这样的教学活动同样可以在校内以小组式合作的形式存在。

"科学诠释"一词，最早来自欧盟科学诠释者学院，诠释活动的目的在于建立科学与大众之间的桥梁，使得科学知识能够得到有效的传播。诠释早期仅局限于对特定文本的理解和解释，之后科学哲学家将自然科学也作为诠释对象进行研究，并逐步发展成科学诠释学。又有学者以诠释学的思想和方法开展教育教学研究，逐步形成了教学诠释学。

科学诠释的对象是科学理论的文本内容，而科学诠释活动指的是诠释者通过丰富的科学知识和出色的表达技能，以不同的科学诠释手段，包括演讲、表演、展览、活动等适合相关诠释主题的形式，以最终提升公众科学素养为目的的活动。

"诠释"即理解、解释和应用的统一，是科学诠释课程的一个重要外在表征。一个出色的诠释者需要具备良好的学科知识储备、流畅的思维能力以及不俗的表达能力和技巧。通过诠释既能够反映学生对学科主题或核心概念的深度理解，又能体现综合素养和解决实际问题的能力。在馆校合作科学诠释课程中所涉及的科学诠释活动，是以相关诠释活动为依据，在学校课堂和博物馆场馆内，学生通过对于相关科学主题内容的学习和了解，完成科学主题内容的诠释过程。

科学诠释活动以学生为活动中心，以问题内容为活动导向，通过半结构化的活动设计，鼓励学生在博物馆情境下开展项目性学习。学生在馆内工作人员、馆外学科专家、学校学科教师的多重指导下，以小组为单位，通过自主学习、分工协作的方式分阶段、有目的地进行自主探索，最终培养相关的科学核心素养。

馆校合作课程是学校学习、课堂学习等传统学习之外的有利补充，肩负着青少年群体科学文化知识的教育普及责任，同时也在多个维度拓展学生的学习形式。

馆校合作课程是一种基于真实情境的学习。博物馆通过展品、标本、说明文字、多媒体展屏、自主研发的课程活动等多样化的展示形式，构建了一个不同于传统课堂的广阔的学习空间。学生可以在其中体验到社会生活和科学探究的真实情境，在亲身经历体验的过程中自然而然地完成学习。在情境中学习比课堂内学习更容易让学生对所学的内容产生兴趣，更有利于在个体体验的过程中产生有意义的知识建构。

馆校合作课程倡导基于自主体验的学习。虽说博物馆的展品在陈列布置时馆方有一定的布置和安排，但是参观者在场馆中的参观学习却没有固定的顺序和路线，也没有严格的学习任务和要求，完全可以根据自己的兴趣选择参观学习的内容，参与不同类型的活动，根据个人的安排去发现和思考自己感兴趣的问题，也可以自由地决定和控制自己的学习进度。在不同的学习过程中，学习者也有不同的学习体验，在不同的体验过程中建构自己的知识体系。学习是由学习者根据自身需要而自发形成的，是一种由内而外的动机驱使，是由内在的强烈兴趣支持的。个体的学习风格可以在博物馆学习中得到充分体现。

馆校合作课程鼓励基于科学探究的学习。在场馆自由开放的氛围中,教育展项和教育活动形成了"以学习者为中心"的环境,学习者非常容易采用探究的方式了解各类问题和现象,在观察发现、操作体验和思考感悟的过程中,主动探究场馆中各类事物形成和发展的规律。在主动探究过程中获得的直接经验,记忆更为深刻,更容易运用到解决社会生活的实际问题中去。这种形式的学习方式,学习者借助已有的材料自主学习,主动探究科学知识,这不仅可以激发他们主动探索知识,掌握发现的经验和方法,提升自身的智慧潜能,而且可以激发其内部动机与自信。

在课题选择和资料收集的过程中,学生在科学精神和学会学习方面的相关素养得到了锻炼。在完成展示准备和主题诠释的过程中,学生的实践创新和人文底蕴也得到了一定程度的补充。整个的科学诠释任务作为普通受众科普教育的一部分,对于学生的责任担当素养也有一定的促进效果。而本文,也着重讨论了学生在科学诠释活动中在以上方面的收获和提升。

二、 馆校合作科学诠释课程的意义

我国在 2016 年提出了中国学生发展所应具备的六大核心素养,并以此作为课标修订、课程建设和学生评价等内容的重要依据。《中国学生发展核心素养》以科学性、时代性和民族性为基本原则,以培养"全面发展的人"为核心,分为文化基础、自主发展、社会参与三个方面。综合表现为人文底蕴、科学精神、学会学习、健康生活、责任担当、实践创新六大素养。

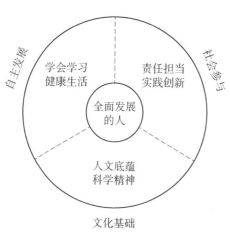

图 3-1 中国学生发展所应具备的六大核心素养

在此基础上,我们提出了馆校合作科学诠释课程的图谱。校内课程以学科知识为主线,通过分科的课堂教学着重夯实学生的文化基础;入馆课程以体验活动为主线,通过活动发展学生的实践创新能力,更多的是面向公众的科普教育;诠释探究活动是学生经过馆校合作课程后的内化生发,强调学生的自主发展和提升解决复杂情境问题的能力。

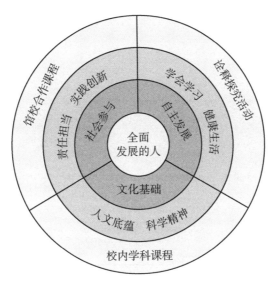

图 3-2　馆校合作科学诠释课程图谱

　　在学生参与科学诠释活动时,他们科学精神素养的提升是显著的,同时其他五项核心素养内容也会发生相应的改变。在科学诠释活动中,学生通过课题选择、资料收集、展示准备和主题诠释的整个过程,完成对于核心素养的多方面提升。例如:2019年 7 月,上海市开始实行史上最严格的垃圾分类管理,我校学生参加了上海科技馆"智能垃圾分类回收系统"主题诠释活动。他们组成了"拎得清小队",意即拎着垃圾分得清。他们分头在自家小区、漕河泾高新技术区、虹桥开发区等地开展实地调查,结合问卷星网络问卷调查等方式,发现在垃圾分类等方面存在的一些普遍问题。如大部分小区的垃圾桶是翻盖式的,每次扔垃圾需要手动打开,不方便;湿垃圾破袋过程繁琐,不卫生;垃圾桶装满,没有及时清理,滋生蚊蝇;居民对垃圾分类的标准不熟悉,有些垃圾不知如何分类;马路上的垃圾桶分类及标识与小区不同等。于是他们撰写了调查报告,提出了相应的解决方案,结合相关编程技术和感应装置制作了小区环境下的智能垃圾分类回收的诠释展品。

　　因此,在课题选择和资料收集过程中,学生在科学精神和学会学习方面的相关素养得到了锻炼。在完成展示准备和主题诠释过程中,学生的实践创新和人文底蕴也得到了一定程度的补充。科学诠释任务使学生沉浸在参与社会事务的氛围中,做出理性的解释和判断,尝试解决生产、生活问题,提高了社会责任感,促进了学生责任担当素养的养成。

第二节 馆校合作科学诠释课程的内容框架

馆校合作科学诠释课程主要可以划分成为三个板块:校内学科课程、馆校合作课程和诠释探究活动。

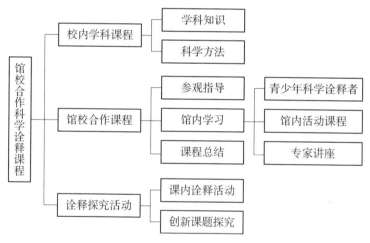

图 3-3 馆校合作科学诠释课程框架

校内学科课程板块,主要是教授学生了解与主题相关的学科知识和一般科学方法。如在"认识鸟类"主题课程中,校内课程会介绍鸟类的基本特征、野外观鸟的方法和上海常见的鸟类等知识:

在观鸟前我们首先要对鸟类有一个初步的了解,最简单的方法是翻阅一些观鸟手册或图鉴,并在此基础上做好记录,如对各种鸟类的大小、标志性特征、栖息地等方面做好记忆工作。

白头鹎：雀形目鹎科的小型鸟类，额至头顶黑色，两眼上方至后枕白色，形成一白色枕环，腹白色具黄绿色纵纹。性活泼，结群于果树上活动。有时从栖处飞行捕食。白头鹎是长江以南广大地区中常见的一种鸟，多活动于丘陵或平原的树木灌丛中，也见于针叶林里。性活泼、不甚畏人。杂食性，既食动物性食物，也吃植物性食物。（"观鸟的准备工作"教学内容节选）

再如"岩石与矿物"主题课程中，校内课程讲解观察描述矿物颜色和利用莫氏硬度计比较矿物硬度的一般方法：

莫氏硬度是利用刻痕法表示物料的硬度。根据划痕的深度分为十级，硬度由小到大依次是滑石（1）、石膏（2）、方解石（3）、萤石（4）、磷灰石（5）、正长石（6）、石英（7）、黄玉（8）、刚玉（9）和金刚石（10）。通过将被测矿物与莫氏硬度计中的标准矿物相互划刻，能够测定被测矿物的硬度。如某矿物能够将方解石刻出划痕，但不能刻萤石，则其莫氏硬度在 3—4 之间。日常生活中，也会利用一些易得的物件来大致测定莫氏硬度，如皮肤的莫氏硬度为 1.5，指甲为 2.5，牙齿的莫氏硬度在 5—6 之间。（"岩石与矿物"教学内容节选）

图 3-4　"岩石与矿物"教学资源包

在馆校课程开始前，通常需要安排一个参观指导的环节。这一环节旨在提出课程活动的关键问题，帮助学生厘清入馆活动的任务要求，告知他们可以获得哪些学习资源，如何获得和使用这些资源，以及进行必要的文明参观教育。如"脚下的世界"在入馆前的准备阶段主要设计了如表 3-1 所示的教学环节：

表 3-1 "脚下的世界"教学环节

阶段	步骤	具体内容
准备阶段	发现问题	岩石圈中有哪些主要矿物？岩石圈的组成是怎样的？岩石可以分成哪些类型？岩石圈内物质如何循环？
	分解问题	了解岩石圈中的主要化学物质；学会通过颜色、光泽、透明度、硬度、解理、断口、比重、条痕、磁性、发光性、可燃性、热电性等物理性质分析鉴定一些主要的矿物；了解一些主要的造岩矿物及鉴定特征；了解三类岩石中的主要造岩矿物；了解岩石按照成因分类的主要种类及特征；能够描述岩石圈内物质循环的主要过程。
	制定计划	指导学生制定研究计划：1.多渠道学习矿物和岩石的相关知识；2.通过观察研究博物馆实物藏品，学习莫氏硬度法等方法，研究鉴定不同矿物的种类；3.学习鉴定区分矿物和岩石的方法。

馆内的学习活动主要有"青少年诠释者""馆内活动课程""专家讲座"等不同形式。

"青少年诠释者"活动要求学生在参观和学习与主题相关的展项后，能够结合自己对主题和展项的理解，进行诠释和介绍。如：

继 1610 年开普勒发明开普勒式望远镜之后，牛顿在 1666 年发明了被正式投入使用的反射望远镜，也就是我右手边这一台。大家可以发现，牛顿的望远镜和我们熟知的望远镜形象就比较一致了。需要指出的是，由于当时的望远镜采用单个透镜作为物镜，存在严重的色差，为了获得好的观测效果，需要用曲率非常小的透镜，这势必会造成镜身的加长。所以在很长的一段时间内，天文学家一直梦想制作更短的望远镜，但许多尝试均以失败告终。

当然，在牛顿望远镜之后相继还有许多改良与调整，比较著名的有 1930 年施米特的折反射望远镜和 1948 年海尔在帕洛玛山上所建造的帕洛玛山天文台，二战之后出现的射电望远镜，耳熟能详的哈佛空间望远镜等。可以这么说，人类现在在天文学领域所获得的突破和成就，都是站立在这些历史的巨人肩膀上的。而人类与宇宙的故事，将会继续上演。（学生诠释作品《起源之谜——现代望远镜的起源》节选，作者万奕欣）

"馆内活动课程"根据学科主题，利用馆藏资源进行教学，目前已经开发和实施的课程主题有"人体奥秘""认识鸟类""生物入侵与国土安全""岩石与矿物""脚下的世界"等。如在"生物入侵与国土安全"主题中，主要利用了上海自然博物馆的馆藏资源：

表3-2　"生物入侵与国土安全"使用资源及对应教学

项目	具体资源名称	教学备注
常设展区	未来之路(国门生物安全临展)	观看入侵生物标本、互动多媒体,了解生物入侵的途径和应对措施
	上海故事(生命驿站——泥畔天堂)	观看上海崇明东滩湿地生态系统,了解引种互花米草对湿地生态系统的影响
自然探索移动课堂	如果没有外来物种	了解历史上引进外来物种的实例,以及对我国饮食结构、生活方式等的影响,学会辩证地看待外来物种

　　完成入馆课程活动后,通常还需要对整个主题活动的教学进行总结。如果能有效地利用"任务学习单"来指引学生对学习效果进行小结和评价,会有更加明确的指向性。如"土壤——孕育的温床"主题活动的任务学习单如下:

项目任务学习单:土壤——孕育的温床

小组:_____　　组员:_____

入馆活动须知:爱护环境、请勿饮食;爱护展览、轻声交流;不奔跑打闹、对人谦让有礼,体现上外学子风貌。

一、你知道土壤的组成吗?

图1

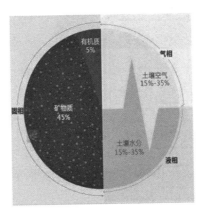

图2

1. 请在图 1 中将土壤的各个层次与它们的名称配对。

① 枯枝落叶层 ② 淋溶层 ③ 淀积层 ④ 岩石层 ⑤ 腐殖质层 ⑥ 风化层

2. 根据图 2 的信息,我们可以知道土壤中的成分包括了_____、_____、水分和_____几部分。其中影响土壤健康的、人类能够调节的成分是_____,它也是土壤活力的核心。

二、你知道土壤有哪些类型?(生存智慧展区、大地探珍展区)

1. 可以依据土壤的哪些特征信息对土壤进行分类?尽可能多的写出你认为的分类标准。

_____

_____

2. 按照土壤颗粒的大小,可以将土壤分成壤土、黏土、沙土。在"环境因子实验室"中,试着操作不同类型土壤的保水性与渗透性的机械互作装置,沙土、壤土和黏土,哪种保水性最佳?都有哪些类型的植物适合在这些土壤中生活?

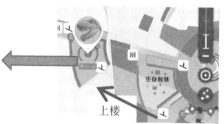

保水性最佳	黏土( )	颗粒大小 2.0～0.06 mm
保水性一般	沙土( )	颗粒大小 0.06～0.002 mm
保水性较差	壤土( )	颗粒大小＜0.002 mm

A. 生长期短、排水良好的作物,如花生、芝麻、甘薯等

B. 适宜各种作物

C. 生长期长、需肥量大的作物,如水稻、小麦、玉米、高粱等

3. 我国的土壤资源丰富,大地之肤展项介绍了我国 15 种土壤类型,结合地面地图来看,上海属于哪种类型土壤? 水稻、小麦、粟米适合种植于哪种类型的土壤中?

_____

三、为什么说一方水土养一方人?(人地之缘展区)

请查阅展项和资料,选择下列的一个话题,撰写一份 200 字介绍。

1. 小麦是人类最主要的粮食作物之一,可以做成人们爱吃的馒头、面包等,你知道小麦的起源地是哪里吗? 当地的气候和土壤条件是怎样的?

2. 粟,我们俗称为小米。粟作文化是中华"二米文明"之一,著名的半坡遗址就是粟起源村落的遗址。粟的发源地是哪里? 粟米是如何被人类种植的?

3. 玉米起源于安第斯山,你知道玉米生长所需要的环境有什么特点吗?

4. 水稻产出的大米是亚洲人钟爱的主食之一,河姆渡遗址向人们展现了约 7000—5000 年前稻作村落的场景。水稻的生活习性是怎样的? 它适合在怎样的土壤条件和环境条件下生长?

介绍（200 字）

四、你还知道土壤中哪些因素会影响农作物的生长吗？如何在校园的免耕农场中开展你的研究？写下你们小组的想法。

我们小组想研究的因素是：

_____

_____

我们的研究需要的材料有：

_____

_____

我们的研究需要做的任务有：

_____

_____

可能遇到的困难：

_____

_____

检验我们的成果可以通过：

五、活动评价：

评价内容	学生自评(1～5分)	组长评价(1～5分)	教师评价
能完成有关信息、图文收集工作			
能认真参与完成学习单			
通过活动有很大收获			
能提出免耕农场实验设计想法			
活动中既能做到自己充分演练，又能帮助并谦让其他组员学习			

在完成主题课程的教学后，还可以通过设置情境任务的方式，引导学生进一步开展探究和诠释活动。学生可以立足于课内教学的内容进行主题诠释，也可以在课内和博物馆学习的基础上自主选择课题进行深入探究。

例如：

学生在完成"人体奥秘"主题学习后，通过梳理血糖来源和去路，激素和神经系统对血糖平衡的调节过程，绘制血糖平衡的概念图，解释人体通过激素和神经系统调节血糖平衡的过程，解释人体在餐后、运动过程等几个具体情境中血糖是如何变化的。

再如：

有学生在完成课内碳氢化合物多样性内容的学习后，产生了利用计算机手段对复杂有机物同分异构体精确计数的探究兴趣。通过文献检索、数学模型建构、计算机模拟等研究方法，获得了理想的研究结果，并撰写了学术论文发表在专业学术期刊上。

第三节　馆校合作科学诠释课程的设计方法

2015 年,国家颁布的《关于加强文教结合、完善博物馆青少年教育功能的指导意见》中指出,"博物馆学习成为中小学校日常教学的有机组成部分,要紧密结合国家课程、地方课程与学校课程,设计研发丰富多彩的博物馆青少年教育课程"。为了弥补博物馆与学校互动较弱的状况,同年国家还颁布了《中国博物馆条例》,博物馆的教育职能成为其首要价值和功能,博物馆着力改变给大众以展示、陈列、研究收藏为主要职能的刻板印象,在开发博物馆资源和学校合作上形成一种自上而下的驱动。博物馆通过馆校合作的课程,通过科学诠释者活动让展品"说话",学校为馆校合作课程提供了表达的平台,也提供了一代又一代的聆听者、感受者和学习者。青少年在成长的重要阶段和有限的时间内,通过博物馆每一处教育空间、每一次教育机会的充分挖掘利用,促进了自身的全面发展。

馆校合作科学诠释课程整体活动设计思路基本如下:

图 3-5　馆校合作项目中"青少年诠释者"活动设计思路

通过完整参与课题诠释活动准备、构思、整理和实践的过程,学生获取完成科学诠释的必备科学素养。

入馆参观熟悉相关博物馆内所具备的基础展品资源和信息,了解博物馆布置场馆的思路,从中获得希望展开的课题内容后,学生回到博物馆和学校的相应课程活动中,获取进行科学诠释必须的技能,包括相关课题需要的科学知识储备、信息检索技能、团队协作能力、创新研究意识等。通过馆校合作的双重课程准备,最终形成完整的课题诠释内容,并完成主题诠释。课题完成后,通过不同小组间的评价与讨论,形成对于自身课题的反思,从诠释活动中获取更多思考。

第一步：入馆参观

学生通过参观上海自然博物馆展品,聆听博物馆讲解员的解说,寻找自己感兴趣的主题。同时,在馆内对相关主题的展评进行观察、讨论,结合馆内的各种资源,包括学习单、讲解员、解说牌、手机 APP 相关页面信息等进行学习。

学生在收集相关信息的同时,整理在讨论过程中涉及到的问题和内容,在后续环节中进行解决和讨论。

教师和博物馆展教人员协作,帮助学生在参观活动中通过信息检索过程,形成有效的学会学习的技能,掌握知识获取的有效途径。

第二步：选择课题

通过入馆参观和初步信息收集,获取一个主要的诠释主题。在不同批次的博物馆诠释项目中,诠释以不同形式进行,包括：

1. 展品介绍：以展馆解说员的形式,对于馆内展品进行介绍;

2. 专题介绍：以"动物的朋友圈"为主题,设计一份现场诠释表演,结合海报、道具等形式,完成一份科学诠释的主题报告。

在不同的诠释形式的展示过程中,利用不同的方法进行方案策划。展品介绍的准备以学生资料收集的形式进行,通过查阅文献、网络搜索、专家咨询的方式,确定具体展品的解说词后进行展示;而专题介绍的准备,则通过学生收集相关信息后,整理归纳确定一个主题,并将该主题作为核心,准备海报、道具等素材,并通过分工进行诠释表达。

课题的选择,给学生提供了解相关主题的机会,学生在前期的信息检索技能的基础上,进一步提升通过文献、专家等途径获取有效知识的意识,对学生科学素养的培养起到促进作用。

第三步：合作探究

上海科技馆和上海自然博物馆有多门自主开发的,面向中小学生进行入馆学习的课程,通过这些课程的体验,学生可以更贴近生活,了解有趣的生活知识,为后续的主题诠释做准备。在馆内课程学习过程中,学生可了解馆藏资源更细致的情况,以及课题诠释的方法和视角等。

学生通过馆方选择的部分体验性课程活动，了解博物馆内的资源情况，并熟悉科学内容诠释方式，加深对部分科学课题的认识和了解。同时，场馆还邀请了部分专家对学生的课题内容加以指导，通过专业的修改意见为学生在诠释主题方面提供更多提升空间。

除了博物馆提供的参观、体验内容之外，作为馆校合作的一部分，校内课程资源同样能为学生完成诠释提供准备。如教师开设了一门校内选修课，提供给参与本活动的学生选修。课程内容主要为学生的科学探究素养做准备，包括提出问题、收集资料、问题验证、反思总结等过程中涉及到的技能，帮助学生通过各类技能的提升，最终完成科学主题的诠释任务。

第四步： 课题诠释

在对相关主题内容进行充分有效的准备后，学生最终以小组为单位进行课题的诠释。学生通过布置展板、准备道具、排练演讲等途径，对于诠释内容进行多角度的准备，最终形成结合展板、表演、演说等多种形式的科学诠释。

学生在完成课题诠释过程中，不仅小组协作能力得到了提升，同时也对科学诠释的目的有了进一步的了解，认识到科普活动的意义，并提升了对于社会责任的意识，培养了用科学知识普及大众，提升大众科学素养的责任感。

第五步： 总结评价

学生在完成了场馆内的科学诠释活动后，会回到学校上选修课程。教师组织参与学生以小组为单位，对其他小组的诠释主题加以讨论，通过对其他小组诠释形式的讨论和评价，进行有效的反思。同时，教师也会在现场对科学诠释的内容进行打分评价和整理，之后反馈给各小组。

在小组评价诠释活动的过程中，教师引导学生对课题诠释过程中存在的问题进行反思，对其中的闪光点加以总结。最终帮助学生从本次科学诠释活动中，提升对于自我的有效认识，帮助学生更有效地选择适合自己的成长路径。

评价必须全方位、多视角地进行，评价体系可以有以下几个视角：认知与理解、探究与设计、处理与评价、反思科学的影响。评价体系不仅包括静态评价如课程标准、课程建设档案、课程教材、诠释成果文档等书面形式为主的材料，也需要通过建立活动记录档案,记载学生参与诠释活动的过程、学习成就、持续进步等表现;也需要记录学生在诠释活动中所获得的体验,对学习和研究的方法及技能的掌握情况,对资料进行归类和统计分析,使用新技术,对研究结果的表达与交流等情况,如学生的自我陈述以及小组讨论记录、活动开展过程的记录;记录学生从发现和提出问题、分析问题到解决问题的全过程中所显示的探究精神和能力,反映学生创新精神和实践能力的发展等。教师要避免单一维度评价学生活动能力,尽量从多个维度对学生综合素养进行科学评价。评价不能简单地依据科学诠释课题的完成情况,采用单一的定量评价,而是需要结合观察、体验、访谈等方式,定性评价学生通过科学诠释活动所得到的综合素养的提升。

第六步: 反思改进

馆校合作科学诠释的课堂需要师生对课题内容进行梳理,明确需要落实的学科主题、核心概念和核心素养等教学目标,并确定评价教学目标的具体指标。根据目标设计一个课堂的情境任务和具体的任务要求,并设计数个帮助学生深度理解学习内容的情境问题。在此基础上,准备与课堂诠释有关的导学案、教具或材料。

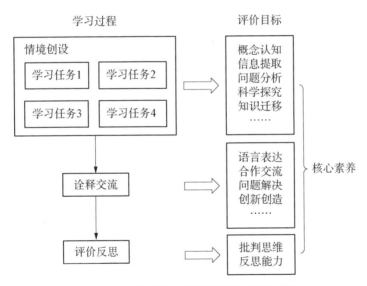

图3-6 自然诠释教学过程与学生能力培养

研究人员通过国际比较,发现中国学生的学习有着文化基础知识扎实,但创新实践、能力偏弱的特点。为补齐实践育人的短板,2017年,国家教育部出台《中小学综合实践活动课程指导纲要》。《纲要》中对综合实践活动必修课的开展做出明确要求，要与校本课程、地方课程统筹，建立学校课程与博物馆资源的利用与相互转换机制，实现资源的联系和共享，使馆校合作课程得以"创意物化"。综合实践活动课程不同于传统课程，其本质是跨学科的，它从学生的个体需要和社会需要出发，具有开放性、整合性、连续性的特点，而博物馆一般集多学科知识于一体，为实践活动课程提供了天然的学习场所。我校是外语特色学校，学生普遍具有出色的英语表达能力和较强的学习能力，他们对于各类自然科学类课程有浓厚的兴趣和探索的需要，也有热情和好奇心去开展科学探究。在常规的课堂之外，他们希望有更多的机会接触并了解与自然科学相关的知识和技能。校内生物、化学和地理教研组老师在学校开设的拓展型选修课和学生社团活动中积累了丰富的管理经验，对校本课程的设计、开发和规划都有独到的见解。依托上海自然博物馆和上海科技馆等丰富的馆藏资源，我校先后开发了"博物馆奇妙夜·岩石与矿物"和"脚下的世界"等馆校合作的校本课程。通过观摩、参与课程共建实施、专家对话等形式，有效地提高教师开展自然诠释教学的能力，拓展教师的教育视野，搭建馆校合作的平台。学生通过馆校合作的自然诠释课程的学习，不仅学到了地理、生命科学、化学等相关知识，而且将语言技能与跨学科知识技能融会贯通，同时在体验实践活动的过程中，提高了自己的合作意识、搜集处理信息能力和解决实际问题的能力。

第四节　馆校合作科学诠释课程的实施策略

一、馆、校合作参与策略

在开展馆校合作科学诠释课程的过程中，学校层面应与场馆开展深化合作。为了保证馆校合作科学诠释课程和相关资源开发的可行性和持续性，学校可以与各合作场馆签订一定年限的合作协议，通过建立制度化的合作模式达成深化合作。在合作中，校方负责相关课时、活动场地、师资队伍、学生组织的安排协调，场馆为学生和教师提供良好的科研课题和教育资源，在一定条件下为课程开展提供资源便利。双方对协议期内的合作开展情况定期进行评价和反馈,不断提出良性建议,并根据建议对具体工作进行完善。

根据合作形式、课程特点的不同,可以采用两套不同的合作形式,一种是模块化合作,另一种是沉浸式合作。模块化合作是将博物馆的展教资源和专家资源划分成不同的模块,根据设计课程的内容和所需要的资源类型,选择对应的模块,如"博物馆进校园""博老师研习会""校本课程开发""青少年诠释者""青少年研究员"等。沉浸式合作需要学校和博物馆进行充分讨论,明确个性化的需求,并量身打造相关的课程活动,学校也需要配备场地、器材等课程资源。

在课程实施的过程中,校内课程体系也在不断地丰富和完善。根据开发资源的特性、教师的能力经验、学生的需求和教学时间场地的限制等不同因素,学校可以将馆校合作开发的教育资源与学校课程进行整合,分别在基础型课程、拓展型课程和研究型课程中利用合作开发的教育资源开展教学活动。例如,在基础型课程中,任课教师可以将课堂搬进博物馆,利用博物馆丰富的展览资源进行实景教学,既丰富了学生的学习体验,又强化了教学效果。

以八年级《生命科学》"鸟类是如何适应飞翔"这一内容教学为例,在常规的校内课堂教学中这部分的内容比较抽象,学生虽然能够根据常识回答出一部分的原因,但比较零散,没有系统性,而仅依靠教材中所呈现的材料并不能很好地解释鸟类飞行相关的特征,不利于学生形成"形态结构与功能相适应"的生命观念。当然,教师也可以通过网络资源、图片视频或是标本和户外观察来补充教学资源,但也会受资源缺乏普遍性、真实性、系统性等因素的影响,学生不容易从中获得切身体验,从而难以转化为对学科知识的理解。而利用上海自然博物馆的展教资源,通过"小小博物家"活动,学生亲自从羽毛、骨骼形态、骨骼质地、翼型等多个角度系统地了解鸟类飞行的相关特征,再通过观察比较多种不同的鸟类标本,感受生物之间的普遍性和特异性。

二、 项目化操作策略

馆校合作科学诠释课程的教学不仅仅只是教授学生课本上的知识,还需要培养学生超越课本的素养,而项目化学习为达成这一目标提供了一种思路。"项目"是指由若干交互任务或者学习任务构成的一组旨在解决某一问题的活动。教师围绕特定的学习目标和学科技能设计出操作性强、项目化的学习任务,学生通过小组分工合作,记录完成项目的过程并互相评价,最后展示作品。在完成"项目化作业"的过程中,既可以帮助学生复习和强化所学的学科知识,将机械式的学习转变为有意义的构建,又可以培养学生的核心素养,包括学会与他人协作、自主决策、信息收集、解决实际问题能力等等。学生在诠释项目任务驱动下,整合各类学科的知识,利用科技馆、自博馆等博物馆丰富的学习资源、多元的学习空间、开放的活动形式,带着任务体验探究活动。他们切身感受到学科学习的无穷奥妙,在综合体验中运用所学知识与原理解决实际问题,是课堂学习的有效延伸。

如 2020 年我校学生参加上海科技馆青少年活动,他们制作的诠释作品是《守住绿水青山》。孩子们从社会科技馆的展品"飞翔的公牛"得到启发,以我国青藏高原特有的大紫胸鹦鹉作为原型,通过机械传动装置模拟了鸟类振翅飞翔的动作姿态,展示了将齿轮的转动变为摆动的机械结构。通过电机带动齿轮、曲柄摇杆的机械传动来实现转动变成摆动,还设计了可以让翅膀第二个关节也动起来的结构。他们用一根线将第三根雪糕棒与连杆连在一起,使其可以收缩,更加还原鸟类的飞翔方式。学生绘制了示意图,设计了图纸,制作了样品,进行了上百次的试验,终于完成了大紫胸鹦鹉翅膀的三联动。孩子们利用废报纸和石膏布做出山的形状,并撒上草粉,模拟大紫胸鹦鹉生长的青藏高原环境。为了增加展品的互动性,他们自学编程和相关技术,在展品中运用 make block 编程和红外传感技术。当观众靠近展品,红外传感器检测到人的运动,电机就接收传感器的信号开始转动,带动鸟的翅膀上下摆动,同时写有"绿水青山"标语的 LED 灯亮起。在展品的制作过程中,孩子们融合了物理、生物、地理、美术、劳技和信息等多种学科的知识,进行跨学科知识的连结,知识得到深化,思维品质得以提升。学生在体验过程中实现经验的构建,实现运用知识解决实际问题的愿景,体现了在"双新"背景下"学以致用"的理念。

三、 教学教研整合策略

课程实施的过程,也离不开学科教师参与教育资源的开发、课程培训和教学研究。

在课程实施和教育资源开发的过程中,相关教师的投入程度和能力水平也在很大程度上影响了最终的实施效果。馆校合作的平台为学科教师的教学专业化发展提供了机会。在和场馆合作期间,学科教师有机会通过"博老师研习会"参与场馆教学、非正式学习等内容的研修,聆听专家论坛开拓视野;通过校本课程资源的开发,将场馆资源和校内教学活动有机整合在一起;通过"自然诠释"主题教学法、任务驱动探究式教学法、跨学科案例教学等多种教学方法的研究,提升教学科研水平;利用科研院所的专业实验室和专家团队资源,进行学科专业方向的研训提升。在近三年的时间里,我校也逐步培养和形成了一支乐于参与馆校研讨培训、具备馆校合作经验、善于开发馆校教育资源的教师队伍,而且还有更多的老师和学科团队正不断地加入到这支队伍中来。

馆校合作科学诠释课程给予了中学教师更多教学模式探索的机会,特别是对于自然科学学科的教师来说,提供了更多资源,更广视角,帮助教师在教学中摸索前行。展品资源、馆方设计的教学课程或活动、教具和学习单、专家培训讲座,都给教师提供了成长的必须条件。

以"博物馆奇妙夜——岩石与矿物"一课的设计为例,在结合博物馆的资源,利用馆校合作的基础上,教师在课程内容设计上突破原有教学限制,更新了自身教学理念:首先教师利用微课视频进行教学,实现翻转课堂,利用任务驱动的教学方式,将课堂从教室内转移到了教室外。而对于课程内容的知识巩固则利用博物馆的教学资源实现,避免只学习皮毛,而缺少应用的尴尬状态。其次,在博物馆资源的使用中,充分利用"大地探珍"板块的展项资源和"小小科学家"中的学习箱,结合博物馆参观过程中使用到的学习单内容,帮助学生通过自我探究获取科学基础知识,真正做到馆校结合,利用博物馆资源完成教学辅助的工作。在完成整堂课内容设计后,教师对于科学课程的授课观念有了一定思考。如何利用好课本外的教学资源,设计好校园外的教学活动,帮助学生实现自主探究,获取信息,学会学习,成为了值得深入研究的教学课题,为教师提供进一步深化教学模式优化的机会。

四、 学生创生诠释策略

在课程的学习中,学生需要完成诠释活动。诠释活动是评价学生对学习内容的深度理解和解决真实情境任务的重要手段,也是馆校合作科学诠释课程最重要的外显表征。因为不同的学生对于相同的学习内容会有不同的理解,也会采用不尽相同的创意开展诠释,所以诠释活动的具体内容和形式会呈现出多种样态。整个诠释作品完全是由学生自己设计、创作并呈现的,在这个过程中,学生的高阶思维能力和综合素养也得到了发展。同时,不同学习层次和学习需求的学生都能选择适合自己的诠释方式,也实现了学生能力差异化个性化的发展。

诠释活动能够在特定的情境任务中将学生对学科核心概念等主干知识的理解程度体现出来,也能反映出学生核心素养的发展水平,尤其是对学生科学思维、语言表达能力和学科与社会责任意识方面具有一定的评价诊断作用。以学生诠释作为学习评价的一个方面既丰富了评价的方式,也能在评价的过程中体现育人的功能。

科学诠释活动的组织形式往往以小组为单位,团队中的每个学生都有各自不同的小组角色和分工。诠释活动的表现形式丰富多彩,小组成员在整个诠释活动中各尽所长,他们中有擅长演讲的,有擅长收集资料或文本撰写的,有擅长美工的,有擅长摄影的,每一位成员在小组中的工作都非常重要,缺一不可。相对于传统的课堂组织形式而言,科学诠释活动成员之间是一种相互成就的共生关系,摆脱了传统班级挤压式的丛林竞争关系。他们在活动中学会与小组其他成员合作,认同并理解各成员的多样性价值,以合作和互动启发创造新的灵感,挖掘集体的智慧。

同时,科学诠释活动是在解决问题情境中的实践活动,学生在活动中所产生的效果是传统学校课堂教育对知识和技能机械训练无法达到的。学生在问题的情境中,通过合作性的"协同学习",经历引发思考、深入思考和反思的过程,提炼产生比较、类推等诸多普遍性的思维能力。学生在诠释活动中经历了真正的学习,学到了该领域的知识内容,提高了思考力,学会了运用跨学科的知识,创新知识。

因此,科学诠释活动不是孩子们凭单纯的兴趣、动机和态度,也不依靠单纯的知识和技能,而是在运用知识技能,解决现实课题。如垃圾分类、探索深海世界等课题培养了他们思考力、判断力和表达力,也培养了"批判性思维""问题解决""自我调整"等高阶的认知能力,沟通与协作的社会技能,以及反省性思维、自律性、协作性、责任感等人格特征和态度。

五、 多样化作业策略

作业是指课程教师进行教学时或教学后布置给学生的一种活动,有助于学生理解并掌握知识,运用所学学科知识、技能去解决生活中的问题,是培养学生能力与素养的一种手段。馆校合作科学诠释课程作业可以是纸笔练习,也可以是实践性活动,根据完成主体数量的不同,可分为独立型作业和合作型作业;按作业的呈现方式不同,可分为口头作业、书面作业和实践型作业;据作业内容的不同,有习题型、调查型、实验型、表达型、讨论型、阅读型等几种;根据作业所起的作用,可分成练习型、预习型、扩展型、创造型作业等。

课程作业不是简单地巩固课堂知识的任务,而是需要学生将课堂教学与课外拓展和实践活动结合起来的载体,是促进学生认知、思维、能力、情感全面协调和核心素养综合发展的重要途径之一。

第四章

初中学生综合实践活动课程图谱

　　学校从劳动教育、安全教育、职业体验和志愿服务等方面统筹育人资源,创新育人方式,构建初中学生综合素质实践活动的课程图谱,引导学生在社会实践中感知责任,增强体验。

2019 年 4 月,上海市教委颁布《上海市初中学业水平考试实施办法》和《上海市初中学生综合素质评价实施办法》,其中把教育理论与教学实践相结合,遵循初中生成长规律,视综合素质评价结果为初中学生毕业的必要条件。文件明确提出初中学生社会实践要坚持与社会主义核心价值观教育、中华优秀传统文化教育、劳动教育、生涯教育、创新实践及生命安全教育等有机结合,注重实践育人,统筹育人资源,创新育人载体,引导学生在社会实践中坚定理想信念,厚植爱国主义情怀,加强品德修养,增长知识见识,增强综合素质,弘扬劳动精神,提高学生的社会责任感、创新精神和实践能力,培养德智体美劳全面发展的社会主义建设者和接班人。

第一节 劳动教育课程图谱

劳动教育是中国特色社会主义教育制度的重要内容,目前,国家把劳动教育纳入人才培养全过程,贯通大中小学各学段,贯穿家庭、学校、社会各方面,与德育、智育、体育、美育相融合,紧密结合经济社会发展变化和学生生活实际,积极探索具有中国特色的劳动教育模式,创新体制机制,注重教育实效,实现知行合一,促进学生形成正确的世界观、人生观、价值观。作为当代青年学子,不仅要成为具有科学文化知识的国家栋梁,更要有劳动能力以及劳动实践的本领。教师要引导学生积极参与劳动并努力地贡献自己的力量。开展劳动教育的课程图谱研究,首先应该分析目前我国劳动教育现状,挖掘劳动教育的意义和价值,再基于知识、情感、意识、技能开展劳动教育课程,确定具体实施方法,优化课程评价,发挥劳动教育的整体价值。[1]

一、 劳动教育的课程内容

在中学开展劳动教育课程,主要的课程内容包括劳动知识教育、劳动意识教育、劳

---

[1] 鲍忠良.青少年学生劳动教育现状的实证研究[J].教育探索,2013(08).

动情感教育与劳动技能教育等。

表 4-1 6—8 年级劳动教育课程

	课程内容	课程主题	年级
劳动教育	劳动知识教育	多彩生活 你我创造	6—8 年级
		难忘的卷纸艺术	6—7 年级
	劳动意识教育	动手实践 创意无限	6—7 年级
		争当"劳动能手"	6—8 年级
	劳动情感教育	体验手工乐趣 感受"匠心"精神	7—8 年级
		寒日暖心 抚慰人心	6—8 年级
	劳动技能教育	小小建筑师	6—7 年级
		美化家园 盆栽种植	7—8 年级

（一）劳动知识教育课程

在中学生核心素养培育视角下,对学生开展劳动教育的综合实践活动课程,可以从劳动知识教育入手,将其视为中学劳动教育的基本内容,为学生讲授必要的劳动知识和劳动理论内容。深化对当前中学生的劳动知识教育,是帮助中学生初步掌握基本的劳动知识的重要形式。众所周知,劳动是一种具有实践性和探究性的活动,因此,在对学生开展劳动知识教育的过程中,应当为学生提供相关劳动教育环境和活动,让学生能够在劳动实践的过程中学习并且领悟到相关劳动知识,这样也有助于提升学生的劳动知识教育储备,并有效帮助学生将劳动知识教育服务于相关劳动实践活动中。可以说组织相关劳动教育活动和综合实践活动,是帮助学生了解和学习劳动知识,并将其付诸实践的一个重要的方式,也是劳动实践过程中必不可少的环节,能够推动劳动实践的有效发展,提升学生的劳动知识教育水平。而在整个过程中,学校和中学教师应当重视引导学生将书本和课本与其他形式上所学到的一些抽象的劳动理论知识运用到相关劳动活动及技能上,这样能够提高学生的综合实践能力与劳动素养,有效帮助学生实现知行统一,这是开展和深化劳动知识教育的根本目的。

(二) 劳动意识教育课程

在实际教学过程中,学校和教师应当注重深化学生劳动意识的教育,这主要指的是作为劳动主体的学生能够在科学理论的指导下,借助适当的工具方法及途径,通过劳动形成更加客观和科学的认知态度。劳动意识教育是帮助学生在劳动实践过程中形成科学与积极的劳动意识理念的重要过程。而在实际操作过程中,教师应当遵循核心素养的培育理念,通过综合实践活动和开展相关劳动教育,帮助和引导中学生在参与劳动认知教育活动的同时,提高自己的劳动观念和劳动意识。而对于那些没有树立正确劳动意识和观念的学生,教师也应当给予其积极和正确的教育引导,帮助学生们树立更加具有规范化、正确性和积极意义的劳动观念和意识。而具备良好的劳动意识观念,是学生参与和开展后续劳动活动及相关实践课程的重要前提和基础。因此在整体劳动教育的课程内容中,对学生进行劳动意识教育是非常重要和必要的一个环节。[①]

(三) 劳动情感教育课程

劳动通常能够带给人们更加积极和正面的情绪影响,对中学生开展劳动情感教育是帮助其在劳动过程中获得更加正面和积极体验的有效方式。在中学劳动教育过程中,深化对学生进行劳动情感教育的课程内容,能够有效培养和激发学生对于劳动的情感。通常情况下,中学劳动情感教育课程可以从学生对劳动的热爱情感,学生对劳动人民的尊敬情感和学生对于劳动成果的珍惜情感这三方面来进行教育。在具体课程设置和内容规划过程中,中学学校和教师都应当帮助学生深刻体验到自己劳动成果的来之不易,同时注重深化学生对于劳动收获体验的自豪感、荣誉感和成就感。这样可以有效帮助学生在参与相关劳动和综合实践活动的过程中,获得更加积极的感受,以便在劳动中唤起学生的劳动义务感和责任感,这便是劳动情感教育的价值体现。另一方面,在整个劳动情感教育课程过程中,教师还应当增加一些对学生道德品质、责任意识、情感态度、文化素养等方面的课程内容,以便与劳动情感教育有机结合,丰富劳动教育的课程内容,促进学生全面综合素养的进步,完成促使其和谐发展的劳动教育

---

① 陈理宣. 论知识教育、劳动教育与审美教育及其整合[J]. 教育学术月刊,2017(03).

目标。

(四) 劳动技能教育课程

　　劳动技能教育是中学素质教育过程中一个关键性的教学因素,也是实施中学劳动教育的重要课程内容。在整个劳动教育过程中,必然会涉及到必要的劳动理论知识和劳动技能知识,而学习和践行相关劳动技能知识,是帮助学生更好地参与劳动过程的重要基础。此外,我国教育部曾在《关于加强中小学劳动教育的意见》一文中,明确规定了培养学生必要的生活和生产技能,是整个劳动教育功能的重要目标及体现。而在整个劳动教育过程中,学校和教师还应当培养学生初步养成合理的职业意识,帮助学生在劳动学习和技能提升的过程中,深化自己的职业规划理念,提高学生的创新创造意识及有效解决实际问题的能力。因而在中学劳动教育过程中,应当注重劳动技能教育课程的构建,而在整个劳动技能教育课程过程中,教师应当注重提升和培养学生的生活、生产技能、职业规划和发展技能以及学生的综合实践与探究能力。这样不仅有助于提升学生的核心素养、综合品质,还能够提高其实际劳动能力和劳动效率。[①]

二、 劳动教育的课程实施方法及策略

(一) 联动实施法——班级德育与劳动教育联动实施法

　　除了劳动课程的建设,还可将劳动教育融入班级德育。班主任应充分认识到以劳树德的价值要素,包括在诚实劳动、辛勤劳动、创造性劳动中孕育科学与合作精神的价值要素;班主任可以根据劳动教育的内容板块,设计相应的德育主题班会,或是开展阅读活动,举行家务劳动比拼竞赛,参加校园公益、社区公益等,以多种形式进行劳动教育。值得注意的一点是班主任应该构建相应的评价系统,在对学生进行综合素养评价过程中,不仅要把劳动素养作为综合素养评价的重要组成部分,而且要关注学生在以劳树德方面的评价导引,形成以劳树德的评价系统。

---

① 戴家芳.当代中国青少年劳观教育研究综述[J].贵州师范大学学报(社会科学版),2015(06).

(二) 跨学科教学法——劳动教育课程完善和跨学科教学法

要开设和完善劳动教育课程,将劳动教育课程视为学校教育过程中的重要内容和环节。目前很多国家都把劳动教育引入了学校内部课程中,特别是俄罗斯、日本、德国、美国等国家,更是把中小学实行的劳动和综合技术教育作为了重要的教学内容和环节。因此我国应当完善和开设相关劳动教育课程与综合技术课,以劳动技术课、手工劳作课等形式来调整和优化对学生的劳动教育程度,引领学生深入劳动教育课程中,学习相关劳动技术知识和理论,督促学生完成相关的劳动综合实践活动。为此,学校应当遵循劳动综合实践活动课程的开展目标,严格按照课程大纲进行授课,保障劳动教育及综合实践活动课程的课时量,根据学生的不同需求进行相关劳动教育课程的体系构建和调整。另外,可以结合其他学科教学内容,引入劳动教育观念和知识。例如可以在劳动教育过程中渗透德育教育、智能教育、体育教育和美学教育,探索劳动教育与语文、数学、政治、历史、思想品德等学科的结合形式,在其他学科教学中深化对学生劳动意识和劳动观念的培养。同时探索化学、生物、物理等学科与劳动教育结合的形式,深化不同学科下综合实践活动的创造性、发展性和可能性,增强学生的劳动兴趣和劳动事业,提高其整体劳动素养。

(三) 家校共育法——家校共育式劳动教学法

学校需要开办家长学校,引导家长转变教育观与劳动观,使其成为孩子家务劳动的指导者和协助者,以便形成日常生活劳动教育合力,培育学生的生活自理能力,帮助学生形成乐观的生活态度、正确的生活情趣,从而使学生能够快乐地生活。学校可以结合本校实际情况,联合家庭和社区,开展日常生活劳动教育。学校可以联合家长,根据学生的年龄特点、个体差异等,安排适量的家庭劳动作业,如做饭、洗碗、打扫卫生、整理自己的书桌、垃圾分类等等。家庭劳动作业开展的时间,可以在放学以后、周末、节假日或寒暑假。当然,在这项活动开展前,可以事先设置一项调查问卷,征询学生、家长对于该项家庭劳动作业的意见,主要是关于开展何种形式的家庭劳动作业、开展的时间等。同时,可以借鉴美国学校在开展劳动教育方面的做法,开设一些劳动教育类的选修课程,如家政课、手工、烹饪、木工、园艺等。以烹饪课为例,该课程可以先让学生了解我们国家的几大菜系及其背后的文化,吸引学生的学习兴趣,接着可以让学生了解相关的食谱、食物营养状况,掌握称量与菜品搭配等必要技能,学习如何准备假日主菜等。在学生有了这些准备以后,可以教会学生一些做饭的知识与技能,让学生学会如何在较短的时间内,做出有营养又美味的食物。学生可以回家进行实际的操练、实践。如果开设劳动类选修课程短期内无法实现的话,可以在班级内开展关于日常生活技能的主题班会,指导学生如何更好地完成家庭劳动作业,或是在学生完成家庭劳动作业之后,在班级内将自己劳动的相关成果进行展示,心得体会进行分享。最后,学校和家长可以将家务劳动作为每日作业布置给学生,请家长在家中给孩子设置"家庭劳动小岗位"。第一,家长和学生共同确定孩子每天适当的家务劳动量,认领一个家务劳动小岗位,例如扫地、洗碗、倒垃圾等。第二,每半个月掌握一项家务劳动技能。家长每天帮助孩子打卡,从完成度和劳动态度两个方面进行评价。同时,鼓励家长将孩子的劳动过程以照片、视频的形式记录保存。每周班会课,老师进行"家务劳动岗位活动"阶段性小结,并将优秀的案例在班级中进行展示,并鼓励孩子写劳动体会。

(四)三方协同驱动法——学生—家长—班主任三方协同驱动劳动教育法

要想将劳动教育从理论上的可能性变成现实中的可行性,就必须建立三方协同的思路,也就是将学生、家长、班主任三方协同起来,以在劳动教育上形成合力。已有的经验表明,在学生、家长、班主任三方协同教育中充分发挥学生的主体作用,有利于促进学生的发展,提高德育的实效性。在实施劳动教育的时候,一方面要保证学生、家长、班主任三方协同,另一方面要坚持以学生为主体。以学生为主体,是符合学生的认知特点与发展需要的。以学生为主体不是只考虑学生这一个因素,劳动教育也需要在教师的主导下,借助家长甚至社会的力量进行教学活动,将劳动教育融入到学校教育、家庭教育以及社会教育之中,形成"学校—家庭—社会"协作模式合力育人。如通过建设劳动教育基地、教育教学实践基地等这种上下联动式的全方位育人方法,来推动人的道德素质、智慧素质、身体素质以及审美素质等的全面提升。除此之外,学生还可以在劳动教育中感受到先进文化的引导性、制度条例的规范性以及背景环境的塑造性,多层次、多样化、全面化提升自身综合素质。①

（五）多元实践法——多元化劳动教学实践活动建设法

劳动教育在校内开展，还可以以其他形式，如安排学生校园值勤、校园绿化，开发学校实验田，农作物种植和动物养殖等。安排学生参加校园值勤、校园绿化活动，具有很强的操作性，也是目前很多学校正在做的一项工作。校园绿化，可以给每个班级划分一片区域，采用班级承包制和年级轮作制来实施，以此增强学生的责任感、劳动意识以及集体荣誉感。具体的实施时间，可以每周划分出一个时间段。每班由班主任负责，学校另配备一名劳动技能指导老师，指导老师要具备园林绿化方面的经验。大家可以一起开发学校实验田，进行农作物种植和动物养殖等，受学校环境影响，各学校可以根据自己的实际情况因地制宜。此外，也可以让孩子到敬老院等校外场所开展日常生活协助性的劳动，从而树立尊老爱幼的良好品德。最后，还可以积极开展趣味性的劳动实践活动。例如，除了利用校园执勤、每周一次的大扫除日让学生具有动手操作能力、掌握一定的劳动技能以外，还可以在少先队课程中增加感恩活动，让学生主动参加家务劳动、生产劳动，感恩父母。再例如，可以在科技素养、人文艺术课程中，通过各种社会实践活动以及竞赛活动，让学生创新劳动方式、提高劳动效率，同时鼓励学生参与各项国际国内竞赛，让学生积极参与跨国文化交流。②

三、劳动教育的课程评价

实际教学过程中，学校与教师应当进一步加强对学生劳动教育考核评价机制的构建，完善劳动教育目标责任考核机制和相关考核制度，从学校教师、学生、家长、社区等不同的方面优化和明确劳动教育类综合实践活动课程的考核工作职责，构建更具客观性、公正性、完整性、科学性的评价和考核机制。首先在学校层面上要摒弃错误的教育观念，将劳动教育及相关考核机制视为重要的教学内容，并对学校内部所举行和规划

---

① 章振乐. 正心立德　劳动树人——小学"新劳动教育"的实践与思考[J]. 中国特殊教育，2017(05).
② 中华人民共和国教育部. 综合实践活动指导纲要[Z]. 2017.

的各类劳动教育活动的实施情况进行有效且完善的考核评定,定期组织科学正确的劳动教育活动和劳动教育交流会议,以便于加强学校内部师生整体对于劳动教育的重视和认知程度。

对于劳动教育的具体考核内容,学校也应当进行进一步的完善和调整。通常情况下,我们将学生所完成的劳动任务优劣以及学生是否参与学校所组织的劳动活动,视为最基本和最有效的劳动教育考核及评价标准。因此学校会组织一些类似于大扫除或班级劳动的活动,请学生积极参与并完成相关劳动任务。但不得不说的是这种考核及评价形式较为单一,因此为了更好地完善相关的劳动教育考核内容,教师和学校应当从学生参与劳动活动时的情感态度,以及其进行劳动过程中的具体情况,结合学生所做出的最终劳动成果来进行综合性的劳动教育评价。将更多的内容收纳于劳动教育考核内容中,或者是记录进学生的综合素质档案里,在学生的整体综合素质档案中增添劳动考核及评价内容,有助于进一步提升学生对于劳动及劳动价值的认知程度,提升其劳动意识和素养。

四、 劳动教育实例

"劳动能手"养成记
——上海市继光初级中学基于"劳动最光荣开学"第一课的行动实践

案例背景:

2020 年 3 月 20 日,中共中央国务院颁布《关于全面加强新时代大中小学劳动教育的意见》,指出劳动教育是中国特色社会主义教育制度的重要内容,要把劳动教育纳入人才培养全过程,贯通大中小学各学段,贯穿家庭、学校、社会各方面,与德育、智育、体育、美育相融合,紧密结合经济社会发展变化和学生生活实际,积极探索具有中国特色的劳动教育模式,创新体制机制,注重教育实效,实现知行合一,促进学生形成正确的世界观、人生观、价值观。

　　随着人们物质生活水平的不断提高,家庭条件的改善,现在的学生生活条件比较优越,知识面广,获得知识和信息的渠道多,他们习惯了"短、频、快"的信息获取方式,以至于他们上交的劳动"答卷"令人担忧,折射出青少年劳动意识淡薄,劳动能力差,甚至存在不劳而获、不尊重劳动成果,随意浪费等现象。

　　学校加强常规劳动教育,帮助学生树立正确的劳动观念,端正劳动态度,掌握劳动基本技能,培养劳动习惯;家—校—社区联动,创设多元劳动实践平台,通过雏鹰假日小队、志愿者服务、公益活动、职业体验等,让学生真正感受到劳动带来的快乐,在劳动中成长。

　　发扬光大中华民族传统家庭美德,引导广大家长争做好家长,树立好家风,传承好家训,建设好家庭,为学生健康成长营造良好的家庭和社会环境,希望进一步提高学生对中华传统美德和践行社会主义核心价值观的认知,培育和弘扬社会主义核心价值观,强化青少年学生劳动实践,实现家校共育。

案例描述:

　　一、准备工作

　　每逢寒暑假前,学校大队部向全体少先队员发出号召:人人争当"劳动小达人""劳动小当家""劳动小模范"。

　　教师为学生提供了如下劳动清单:

　　1. 观看《雷锋故事》《我在故宫修文物》《感动中国人物颁奖典礼》《平语近人》等,记录劳模事迹、劳动精神的学习感悟。

　　2. 掌握一项劳动技能。为父母做一件家务,或学做一道菜。

　　3. 参加一次社区公益活动。

　　4. 尝试一次职业体验。

　　假期结束前,每个年级挑选1—2名学生在开学第一课上进行交流。

二、开学第一课

1. 劳动事迹学一学

学生讲述学习劳模事迹后的心得体会。

2. 劳动故事讲一讲

教师从家务劳动、公益活动、职业体验三个板块分别请同学进行展示交流,学生交流的内容有协助居委会阿姨宣传垃圾分类,学会炒蛋炒饭,在中共四大做讲解员,在盒马鲜生学做市场调研,帮爷爷奶奶去菜场买菜等等。同学们通过视频、PPT等形式,将自己丰富的寒假生活展现在大家面前。

3. 劳动干劲比一比

学生们将寒假期间的劳动成果进行展示交流,教师结合上学期每位学生在学校、家中的值日、执勤、志愿服务等的表现,评选出"劳动小达人""劳动小当家""劳动小模范"等,以资鼓励。

4. 劳动家风传一传

家长讲述培养孩子热爱劳动的过程及心得体会,记录孩子的成长变化,感悟家庭劳动教育在孩子成长中的重要作用;孩子分享在良好家风传承中,如何孝敬长辈、诚实劳动、勤于学习、乐于助人,体会劳动创造美好生活。

案例反思:

通过家—校—社区的共同努力,开展系列劳动教育活动,我校学生劳动意识不断增强,树立了正确的劳动观点和劳动态度,热爱劳动,养成了良好的劳动习惯,在校不仅认真参加值日、执勤、包干区等劳动,积极参与各种志愿服务,如图书管理工作、垃圾分类督查、午间秩序维护等,在校外也踊跃参与社区服务,如爱心义卖、公益演出等。

学生的情操在劳动中得到陶冶,学生的身体素质在劳动中得到提高,学生的学习成绩也会得到提升。

第二节　安全教育课程图谱

安全教育是学校课程图谱中不可或缺的重要组成部分,是提升学生安全意识、生命保护意识的重要方式。学校在开展知识教学过程中也应该设置安全教育的课程,教授学生基本的卫生常识,提升学生的安全防范意识和自我保护及急救意识。另外,还需要在安全教育课程图谱中设置民防国防教育、安全卫生教育等模块,提高学生交通安全意识,遵守交通法规。同时,强化民防国防教育、安全卫生教育,引导学生关注生命,敬畏生命,珍惜生命,这些对于学生的综合素质及能力提升有重要意义。

一、　安全教育的课程意义

首先,安全教育可以帮助学生在参加各类安全教育课程和综合实践活动的基础上,逐步发现并发展自己的能力,并促使学生初步懂得学科学习、锻炼与未来发展的联系,提高学生的内在驱动力。

其次,安全教育能够有效预防运动过程中为学生带来的惨痛伤害,帮助学生学习体育课安全知识、注意事项,令学生了解预防运动损伤及事故的要求,使其初步学会自我保护的技能和科学锻炼的方法,进而促使学生能够形成尊重生命、热爱生活、自信乐观、和谐向上的良好心理品质,对学习生活的健康追求与应对挫折的心理弹性,养成自我规划的意识和能力,建立自我与集体的和谐关系,促进自我身心健康的协调发展。同时,还可以帮助学生认识到身体健康发展的意义,促进学生理解并认同健康对自我发展的重要作用,提高对自我身体健康的重视,督促学生对自身发展做出较好的规划。

最后,安全教育可以有效提高学生的公共安全意识,提高其面临突发事件的自救自护能力;加强学生的安全防卫意识教育,培养其正确的安全防卫心理,能最大限度预防安全事故发生和减少安全事件伤害。

二、安全教育的课程实施策略

（一）因材施教法——分年级实施不同的安全教育课程策略

1. 认识和走进安全教育课程（六年级）

对于刚入学的低年级初中生而言,安全教育课程的教学重点是有效提高学生的自我保护意识,帮助其掌握一定的自我保护急救知识,令其迅速适应新环境。例如,可以组织以上学、放学路途安全为主题的安全教育课程,在授课过程中帮助学生掌握《初中生公共安全行为指南》课程中的相关内容,以主题班会的形式,提高学生的交通安全意识,令其做到遵守交通法规,上学、放学的安全出行。另外,还可以在安全教育课程中增加饮食卫生教育板块,帮助学生学习基本的饮食卫生常识和疾病防治措施,让学生知道相关饮食卫生知识,帮助其掌握食品中毒和药品中毒后催吐的基本方法。其次,还应当多组织校园安全讲座,促进安全教育课程的补充和完善,通过系列校园安全讲座,优化安全教育课程内容。帮助学生养成文明休息的习惯,尤其要在授课过程中重视体育课等室外活动的安全要领,帮助学生有效预防各类意外伤害事故的发生。最

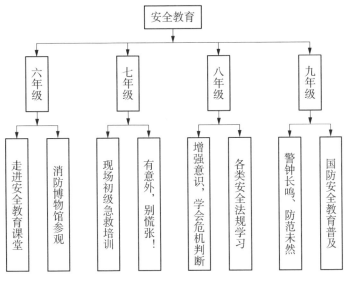

图 4-1　安全教育课程

后,还可以在安全教育课程中为学生普及一些重要的安全防护小技巧,如三角巾包扎技巧,通过三角巾的基本包扎方法的示范与学习,帮助学生学会对割伤、戳伤、擦伤进行简单处理和包扎技巧,提升学生自我保护和保护他人的能力。[1]

2. 学会基本的自护、急救技能(七年级)

对于已经入学一年的七年级初中生而言,安全教育课程的教学重点是帮助七年级学生进一步掌握各类自护、急救技能。例如,可以以居家安全为主题构建安全教育课程,帮助和引导学生完成学校设计的居家安全作业单,鼓励学生学习相关的用电、水、煤气安全知识,以便帮助学生时刻保持高度的安全警惕性,保障学生的居家安全。另外,还可以将心肺复苏知识作为安全教育课程的内容,引导学生掌握心肺复苏按压的部位要求和方法,帮助其学会处理自己昏厥和发现他人突然昏厥的情况。其次,还应当构建应对自然灾害的课程,帮助学生掌握必要的安全自救技能,引导学生参观地震馆,促使其学习地震发生前、中、后的安全防护、自救知识,提高学生灾难发生时的自我保护和自救能力。最后,还可以为学生普及骨折固定的知识,让学生学会判断骨折的一般方法,使其知道骨折后的护理和搬送时的注意事项。

3. 树立正确的安全防卫心理(八年级)

到了八年级,重点是帮助学生树立起正确的安全防卫心理,关注性别心理建设,提高国防民防意识。例如,可以构建安全体验教室,以学校新建的安全体验教室的各项设施为载体,帮助学生体验如何使用逃生绳、打逃生结等,提高其自我保护能力。另外,还可以带领学生参观消防博物馆,学生通过参观消防博物馆,可以学习消防历史,增长消防知识,帮助其在生活中自觉重视消防安全。此外,还应当深化对学生的国防民防教育,引导学生积极参与"3+2"教育活动,促使其掌握骨折、中毒、昏迷等现场处理方法和自救互救的基本方法,夯实学生的国防民防知识,鼓励大家学习军人仪表和作风,增强其社会责任感和使命感。

4. 培养和提升国防意识(九年级)

针对九年级学生开展安全教育课程,应当注重提升其国防意识,帮助学生全面掌握自护、急救技能,并进一步了解实验室安全规定。例如,可以在其他学科教学中渗透

---

[1] 王仕民. 简论马克思的实践范畴[J]. 哲学研究,2008(07).

安全教育知识,通过物理、化学学科等相关安全教育知识的渗透,帮学生掌握用电安全规定、化学危险品的存放和使用规则,杜绝触电、化学品危害等事故发生。另外,可以深化国防教育,引导学生学习国防知识和《兵役法》,帮助大家充分了解国防、国防教育、战争、和平的含义,促进学生认识国防与个人、与国家的关系,提高其国防安全意识。

(二) 统筹教学法——在全校范围内开展安全教育课程和活动的策略

首先,在全校范围内可以开展安全教育课程演练活动,结合安全主题教育日等,通过参加灭火、逃生、人质劫持应对等演练活动,帮助学生掌握基本的遇险逃生自救本领。同时,学校可以将每一次安全主题演练当作比赛,公布比赛结果,制定明确的奖惩措施,激励遵守安全教育守则且带来良性影响的同学,适当惩罚或批评违反校园安全规定的同学,突出安全榜样和标兵的优秀性。另外,学校可以组织安全教育日讲座,结合"全国中小学生安全教育日""防灾减灾日""119消防宣传日"等安全主题,以安全晨会、主题班会等形式,强化学生的安全意识,提高其自救、互救技能。学校要重视和深化对学生的法制教育,以"国防教育日""全国法制宣传日"等契机,通过"国旗下讲话"、参加法律知识竞赛等方式,引导全校学生认真学习法律知识,增强其自我保护能力。

此外,还应当注重开展禁毒教育,带领学生参观禁毒馆,认识毒品的危害性,杜绝毒品的诱惑,筑起心理长城。最后,学校应当将确实有效的安全知识整理成安全手册,让学生带动学生进行安全知识学习,形成"一带一""一带多"的安全知识链。[①]

三、 安全教育的课程评价

首先,可以构建家校合作式的安全教育评价网。新时代,是信息爆炸、网络讯息飞速发展的时期,教育教学领域需要结合时代发展趋势,因此学校在构建校园安全评价网络时可以借助互联网的力量。另外,家长作为学生安全教育的启蒙者和第一监护人,其重要性不言而喻,学校需要搭建家校合作式的安全教育评价网,提供交流评价平台,双管齐下,借互联网力量快速和学生家长建立联系,征求家长对于学校安全教育的

---

① 鲁洁.教育:人之自我建构的实践活动[J].教育研究,1998,(9).

评价、建议、意见。此举可以添设在学校的校园网上,在其中增加"家校合作安全教育评价"栏目。

其次,可以征求和集合相关社会部门的建议、指导和支持,举办安全教育社会实践,并完善相关评价体系。例如,可以采取符合学校实际的安全教育措施,联系相关部门,设置小范围的安全教育社会实践,让学生在实践的过程中体会安全知识的具体应用方法,进而实现三方平台的角色担当,最大化提升学生的安全知识以及自我保护和保护他人的能力。

最后,应当用好校园安全通道,以人为本,以民主、公平、公正的态度,做足宣传和评价工作。例如,可以巧妙设计安全教育的课程评价模式,搭建实物式的校园安全评价通道。校园安全通道作为学生日日走过的重要地点,却常被忽视,因而在实际操作中,我们可以对校园安全通道进行开发再利用,在上面设置一些安全教育和评价标语,专门设置评价留言模块和安全教育意见箱,鼓励学生、教师积极发表自己的意见,完善对于安全教育课程的调整和构建。①

四、 安全教育实例

有意外!别慌张,救护达人帮你忙
——继光初级中学学生成长课堂之安全教育

图 4-2　安全教育培训

---

① 皮亚杰.皮亚杰教育论著选[M].卢睿选译.北京:人民教育出版社,1990:9—10.

11月18日,我校"学生成长课堂之安全教育"又开讲了!嘉兴路街道红十字会再次进入校园,为同学们进行了一次初级急救培训。负责救护普及的包老师一行带着教材和大型教具,为同学们带来了一场别开生面的紧急救护讲座。讲座全程幽默风趣,包老师用浅显的语言向同学们普及了紧急救护的重要性和实际操作手段,其中互动不断,同学们踊跃参与,争当救护小能手,现场洋溢着互帮互助的红十字精神。

包老师现场演示了踝关节扭伤后的紧急处理,向同学们展示了绷带"8"字型固定法,讲授了单拐和双拐的使用方法;同时,包老师结合视频教学现场演示怎样救护、搬动颈椎受伤的病人等。

图4-3 师生互动

同学们听得非常投入,增强了"小小救护员"的意识。大家积极参与现场演练,和道具假人先生一起演习处理颈椎病人的救治。学生不仅学到了非常实用的理论知识,又亲身体验了救护现场的紧张和责任感,不由内心涌起了对医护工作人员深深的钦佩之情。

同学们在亲身互动中不仅学到了现场初级急救的知识,更多了一份对生命的尊重。

第三节　职业体验课程图谱

在中学教育教学过程中,不仅要完善知识性教学,还要为学生今后的职业发展、创业规划、职业竞争力、职场综合能力的提升考虑,因此,增加职业体验课程并完善相关教育图谱,可以提升学生综合素质。在具体课程设置中,可以通过举办科技活动、艺术活动、运动会各项活动、社团活动、心理健康教育,培养学生的学习兴趣,提高其职业学习热情,为学生今后的学习和生活打下良好基础。

一、 职业体验的课程意义

(一) 契合核心素养培育理念,促进学生综合素养的进步

伴随着社会的进步和科学技术的飞速发展,各个领域对于高精尖的技术型人才需求量不断增加,各个行业领域和职业岗位对于就职者的整体素养要求也越来越高。因此,大家对于职业体验课程的重视程度也是越来越高。相较于传统的中学课程教学模式,当今中学课程教学更加注重和强调突出学生的创造能力、创新水平、创新思维、协作能力、终身学习能力、批判反思水平、综合素养。而核心素养教育理念下的综合实践活动课堂,最核心的便是提高学习者的创新思维和创新意识,给予学习者足够的自我发展和探究空间,引导其在合作交流的过程中不断提高自身的综合性素养。因而,核心素养教育理念与中学职业体验课程相结合,在教学目的设置、教学能力培养、教学活动开展等多方面内容上具备强烈的互适性。并且,由于中学职业体验课程本身所具备的多元性、综合性、发展性,也使得中学职业体验类的综合实践活动课程教学能够与其他学科进行紧密联系和融合性探究。而核心素养培育理念更强调的是教师采取跨学科与知识整合的职业体验教学模式,以促进整个中学教育教学的整体性、统筹性、融合性、有效性,能够在多方面和多角度促进教师与学生综合素养的进步。因此,无论是中学职业体验课程本身的特征,还是对于学生能力素养提升的需求,均与核心素养教育

理念不谋而合。二者相互促进,相辅相成,能够为中学职业体验课程教学带来更丰富的教学形式和更广阔的发展前景。

(二) 能够有效提升学生的职业创新能力及职业学习思维

在核心素养教育理念下所开展的中学职业体验课程,应当为学生设置相应的职业问题项目,有效提高学生的职业创新水平、职业创新思维、职业创新意识、职业创新技术等综合性的职业创新性能力素养。首先,在职业体验的课程教育教学设计和安排过程中,教师要注重突出学生主观职业体验的学习性和创造性,激发学生构建、表达自己职业规划和创新思想的观念,引导其积极构想更加新颖和独特的职业创新技术理念和观点。这样能够有效激发学生产生新颖的创新性职业意识,为后续的职业体验活动开展奠定意识基础。其次,对于学生职业体验创新思维的培养,则需要在职业体验课程教学设计过程中安排一些具有创新性、探究性的职业体验实践活动,组织学生在整个创造性的学习及探究过程中提高自己的职业创新性思维,这也有助于契合核心素养教育理念,并有效提高学生的综合职业技术能力。在整个中学职业体验课程教育过程中,对于学生职业创新技能的培养则包括对其职业操作技能、职业运动技能、职业动作技能、职业规划水平、职业道德素养、职业专业水平等实践性和知识性技能的培养提升。

(三) 提高学生解决职场及实际生活问题的能力

我们应当着重提高学生解决问题的能力,引导学生在中学职业体验课程学习过程中提高自身对于问题的求解力,对于学科知识的运用能力,对于各项问题的决策力、操作技能水平以及整体协调协商能力。在整个过程中,要督促学生结合自身所学到的职业技术知识、操作技巧、解决问题的思维,来有效探究并解决自己在实际过程中所遇到的相关问题。核心素养教育理念下的中学职业体验课程教学强调提高学生的问题解决能力、职业规划能力,引导学生运用自己所学习到的多学科知识和技巧,从多个角度和层面来构想自己的职业发展前景,并结合可能出现的职业问题探索相关解决方案,充分发挥学生的主观能动性、团队协调性,进而提高学生的综合职业技术能力素养。①

二、 职业体验课程内容

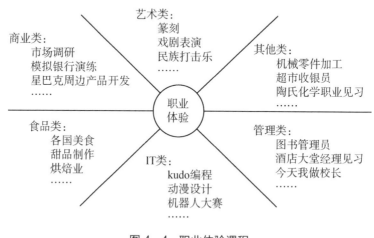

图4-4　职业体验课程

三、 职业体验的课程实施策略

1. 亲子互动法

大部分家长对于孩子以后的职业发展极为重视,因此学校可以打造亲子交流式的职业体验知识学习课堂。如果一些学校没有属于自己的职业校园网,学校可以引导家长借助微信和班级教师进行沟通,在班级内部组织亲子交流式的职业知识学习课堂,或者请家长关注学校公众号,开发职业体验教育模块,定期发布相关知识,引导家长和学生积极参与并交流经验。

2. 职业体验课程通道构建法

搭建多样化的"职业体验课程通道",以多种形式提升学生的职业素养。例如,可以在校园或者班级中设计增添趣味化的职业故事水彩画,吸引学生的目光,渗透职业

---

① 侯富芳.教育起源于人类的生活和生产刍议[J].青海民族大学学报(教育科学版),2011(05).

体验知识,提升学生的职业向往水平和职业规划意识。学校还可以在校园广播、文化墙、班级板报角等地方定期更换相关的职业规划和行业发展知识,深化学生对各个行业的认知情况。

3. 大会交流法

在学校内部组织职业体验教育主题大会。学校是组织学生、教师开展职业体验教育活动的绝佳场所,因而,定期组织职业体验教育主题大会不失为一种构建和谐、文明、进步性职业氛围的重要举措。学校可以请一些相关领域的专家、教师在大会上为大家进行讲座和职业规划知识宣讲,以权威说话,以事实案例教学,提升校内师生的职业体验意识和职业规划水平。

四、 职业体验的课程评价

首先,我们应当构建双向测评和多项测评的职业体验考核机制,将对学生的职业体验考核及评价视为对其综合素质评价的重要内容和组成部分。把职业体验课程视为学校内部考核和评价学生的一门重要学科,请教师在平日职业体验课程教学过程中,观察和记录学生的职业体验学习情况,结合学生参与学校职业体验及开展活动的具体情况,进行综合性的评定,并且可以邀请教师、学生家长、学校领导、社区部门,对学生的职业参与和活动情况进行打分和评价,这样有助于形成多个评价角度,完善职业体验评价的整体可信度和价值。最后还可以请学生对职业体验课程科目教师进行评定和评价,以便于加强师生互评的有效价值。

其次,中学应当将职业体验和职业体验类综合实践活动评价列为学期内部的重要工作计划,在每学期职业体验课程任务结束时,对整体教学效果和学生职业体验素养提升情况进行科学性的评估,有效总结整个学期内职业体验课程的总体落实情况,建立健全相关职业体验评价及检查机制,以便于保障后续职业体验活动及课程的有序开展。

最后,必须要在学校内部、外部同步增强职业体验课程的结果运用价值。联合学校内部职业体验落实情况,学校职业体验活动开展情况,教师职业体验授课情况,以及学生职业体验参与即学习情况进行综合性的考核和评价总结与归纳。中学职业体验课程中所出现的一些突出性和根本性问题,要在评价和完善过程中寻找有效解决策略,从而加强和重视中学整体职业体验和考核评价机制的完善。①

五、 职业体验实例

职业见习,行浅感深
——继光学子暑期陶氏化学职业见习日

上海市继光初级中学和上海市继光高级中学的部分学生,在青少年成就组织(Junior Achievement)的联动下,前往位于张江高科技园区的陶氏化学(上海)有限公司,在企业志愿者的带领下,开启了为期半天的职业见习之旅。

图4-5 学生参与陶氏化学(上海)有限公司职业见习体验

"凡事最怕认真二字,专注赢得未来"

当同学们迈入世界500强之一——全球化工第二大企业的陶氏时,除了

---

① 何蕊. 劳动教育的核心是培养劳动价值观——访北京师范大学公民与道德教育研究中心主任檀传宝教授 [J]. 中国德育,2017(09).

惊叹于洁净的、现代化的办公设备外,印象最深的莫过于陶氏细致的企业安全规范,如"来访者身份卡牌"、人手一份的"安全指南",在各楼层显眼之处张贴的"上海陶氏中心安全指南"等。"听到警铃,如何逃生"是企业志愿者对参加职业见习的同学们强调的第一要务。在5月的企业领袖宣讲中,陶氏化学大中华地区销售总监亨利先生曾强调,陶氏员工必须一丝不苟地对待化工安全,企业各级员工都十分注重安全,在整个见习过程中,企业志愿者也要求大家牢记于心。

来自陶氏公共关系科的企业志愿者以"上班后做什么工作?""我要做什么?""公司的职业和部门有哪些?""学哪些专业才有用?"等问题,与同学们开始互动起来。企业志愿者向大家阐述了陶氏化学的企业使命,化工行业需要以可持续发展的绿色之路对人类未来的发展负责。陶氏以技术革新、科学推动,支持了奥运低碳赛事的举办,公司以人为本的理念,也使得陶氏在中国连续11年获得了"最佳雇主"称号。

经过宣讲,对陶氏化学有了更多认识后,初高中的同学们分为5组,跟随销售部、客户服务部、公共关系部、人力资源部和供应链部门的企业志愿者,参观了这一偌大的公司。从衣物面料、食品包装袋到各类生活用品中的发泡剂、助燃剂、化学交联剂等,均有陶氏化学的身影。可以说,我们每个人的日常生活都与陶氏化学息息相关。化工安全,正是陶氏化学对社会大众所承担起的企业责任。

图4-6　学生参观公司的销售大厅、人力资源部等

"头脑风暴，博采众长"

在最后的见习小组任务中，同学们分别领到了来自企业志愿者提出的 5 项职场任务：

1. 为陶氏化学研发出的最新化学成分设计一条标语，并现场演绎；

2. 请设计一份校园宣讲会上，陶氏化学的 3 分钟的视频宣传片脚本；

3. 设计一份不同国家/地区，新产品的发布，需要将运输等因素纳入考虑范围；

4. 为陶氏化学的网站页面改善方案提出 5—10 个建议；

5. 考虑从国外引进物资时，将会遇到的困难，并提出解决方案。

初高中的同学们协同合作，博采众长，经历了紧张的小组讨论后，大家呈现的方式也是可圈可点。他们有以"直播"方式作为开场的视频宣传片的小组，有用让人捧腹的"吸睛""戏精"的表演来演绎最新化学特性的小组，也有以严谨风格汇报解决方案的小组，纷纷赢得了企业志愿者的认可。最后，客户服务部小组获得优胜。点评环节，企业志愿者以"用户思维""团队合作""全员参与"这三大点强调了参加此次职业见习日同学们的表现。

图 4-7　小组讨论、协同合作

学生见习感想

我们坐在会议室里，思索着真实职场的动人天地。陶氏化学的企业志愿者们将工作中一个个细枝末节的内容,转化为和我们学生能力匹配的小组任务,并由我们自由组建小组,拆分任务。这就类似于陶氏化学企业本身的文化,管理层的决议下放到每个部门,由部门主任合理分配,执行者践行,整个过程中体现着对人的信任。我们在陶氏化学的三分钟企业视频脚本设计中,采用了一种更为现代化直播的方式来开场,我和高中的学长们,进行了一场别样的体验……这次的学习经历,让我联想到,如果平日里我们能多一点知识上的交换,少一些游戏场上的欢腾,那我们的未来会变得更好。

——初二 1 班　张俊诚

这次见习,我是在客户服务部小组。小组内的其他成员和我一样,认为客服就是打打电话。但没想到在小组任务中,客服组居然遇到了这样的一个难题:第三方企业倒闭后,如何将客户的损失减少到最低,以及由这个任务产生的各类单据(全英文版)问题:进出口问题、运输渠道问题、客户信任问题等……在和陶氏化学的企业志愿者交流中,我时不时拿起手机记着笔记,内心十分激动,产生了很多的想法。谈话中,我们讨论着未来,也了解了企业志愿者的人生经历和他们的个人发展目标。我也感受到自己应该志存高远,并为之奋斗努力。

——初二 1 班　刘人睿

指向核心素养、运用项目学习、实现有机协作成为学校职业体验课程鲜明的特色和亮点,力图体现职业体验课程作为综合实践活动课程的自主性、实践性、开放性和整合性特点。在学习过程中,学生面对真实的世界、真实的问题,自始至终真实地参与、实践、体验和感受。他们像专家一样思考和表达,释放个性、开发潜能、回归生命,这一切都成为了可能。项目化学习根植课程标准,以学生为中心对某个有意义、有挑战性的真实问题进行体验式、探究性学习,整合了职场中的关键技能和学生受用一生的学习习惯。

志愿服务课程能够陶冶学生的情操,提升学生的综合能力素质和道德品质,应予重视。

一、 志愿服务的课程意义

(一)志愿服务课程对教育教学的意义

在新中考改革的背景下,纵观志愿服务课程促进学生社会理解力发展、核心素养进步等方面的众多研究文献,发现其研究主体呈多元化,但学校、教师、学生、家长等对其的重视程度均不够。研究内容虽然广泛,但有些问题研究不够深入,且对于社区志愿服务综合实践活动的教育研究较少。另外,如何对初中生的核心素养及综合实践能力提升进行专业培训和家校志愿服务的研究,不少研究者所提的建议较为笼统,不够系统,操作性不强。在此背景下,必须立足于学校的实际背景,开设志愿服务课程,着重从微观管理、实践活动开展、课程设计、家校联动、社区综合实践活动方面着手,弥补以往对此类问题研究的不足,提升学生志愿服务意识、关键能力,转变家长固有的教育观,给予学生多样化的综合性志愿服务评价,设计开发多种志愿服务综合实践活动,引导学生及其家庭在体验中增强社会意识,促进学生志愿服务能力的发展与进步,提升学生的社会理解能力,构建家校联动、社区参与的志愿服务教育模式。[①]

目前,我国初中学校在志愿服务课程的实践研究层面所面临的困境、存在的问题具有一定的普遍性和全局性,可以从学校、教师、家长、社区等不同群体着手,优化志愿服务课程,找准应对的策略和方法,合理利用资源,操作实施,反思改进,维护学校正常教学管理秩序,优化志愿服务课程建设,确保师生身心健康发展,有效组织家校联动、

---

① 李燕,李松林. 教学与生活关系的历史透视与现实建构[J]. 四川师范大学学报(社会科学版),2007(09).

社区参与的志愿服务综合实践及教育活动,丰富教学内容和形式。

(二)志愿服务课程对学生发展的意义

首先,志愿服务的课程有利于学生在广泛的志愿服务和实践活动中,看到自身志愿服务素质和能力上存在的不足,帮助学生在学习之余重视对自身志愿服务、锻炼的强化,促使他们能够更加客观地认识、评价自我,帮助学生日渐摆正个人与他人、个人与集体的位置。

其次,充分的志愿服务教育可以让学生更加尊重"冷门"职业,平等对待所有的职业。现如今存在很多以工资薪酬高低评论志愿服务价值大小的情况,这无形中会让学生形成工资低志愿服务便低下的错误价值观。而举办志愿服务教育类活动,能够促使中学生积极参与到志愿服务实践中来,令其体会到志愿服务所付出的艰辛和其所创造的价值,令学生切实体会到志愿服务所带来的愉悦感和成就感。这也可以帮助中学生树立"志愿服务价值无差别""志愿服务最光荣"的正确价值观和职业观。

另外,中学生在经历了繁重的学习之后,适当的志愿服务可以令其转换心态,促使其更加热爱学习。志愿服务能有效促进中学生的血液循环,让其大脑处于一种休息状态。教师应当鼓励学生参与志愿服务,督促其到户外呼吸新鲜空气,让其调整自己的状态,以便于学生更好地投入下一阶段的学习之中。

同时,适当的志愿服务教育可以促使中学生身体素质的提高,鼓励学生积极参与志愿服务是鼓舞其进行体育锻炼,提高其身体素质的一种有效方式,在志愿服务中,中学生还能够体验到志愿服务的乐趣。

最后,志愿服务的课程不仅可以锻炼学生的服务能力,更能够提升其综合素质。中学教师应当积极组织班级志愿服务的课程和相关活动,给予学生独立思考和志愿服务的权利,让其体验到志愿服务和奋斗的快乐,品尝成功的喜悦。进而,促进学生形成正确的价值观,让其学会利用志愿服务把握自己的学习生活,不断前进、努力和付出,提升其综合素养。①

---

① 钟启泉.综合实践活动:涵义、价值及其误区[J].教育研究,2002(06):42—48.

二、 志愿服务的课程内容

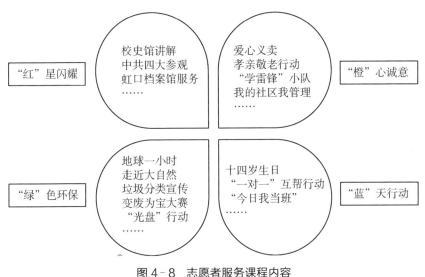

图 4-8 志愿者服务课程内容

三、 志愿服务的课程实施策略

1. 课程优化法

首先,丰富志愿服务的课程内容,深化课程对学生各方面能力及素养的积极影响。例如,可以讴歌革命先烈的英勇事迹,发扬优良革命传统,促进学生形成规则意识和民主法治观念,引导学生积极参加班队会、少先队选举、学校社团、社会实践等活动,鼓励学生坚持体育锻炼,热爱美好生命,提高学生的科学素养和艺术人文修养。这样可以有效促进学生的身心健康发展,努力践行社会主义核心价值观,提升其个人核心素养。

2. 红色文化渗透法

其次,可以结合红色文化及活动,深化学生的志愿服务理念。例如,可以带领学生参观校史馆,在完成活动记录单的过程中,帮助学生深入了解继光的百年历史。通过志愿者的讲解,带领大家了解继光前辈们热爱祖国、热爱人民、努力拼搏的精神,以观后感的形式,抒发热爱继光大家庭、热爱祖国之情。通过组织教育、自主教育、实践活动等形式,加强学生的组织意识,提高其道德素养,树立做党的接班人的政治启蒙,寻找成长取向并为之努力,以便于为学生树立勇于奉献、服务他人的志愿服务意识,提升学生的道德修养和精神品质。

3. 趣味活动引导法

再者,可以根据学生的学习和发展需求,组织具有个人纪念和发展意义的志愿服务活动。例如,学校可以组织"十四岁生日"的实践交流活动,引导学生在交流和实践过程中做一些具有纪念意义和提升意义的志愿服务活动,让学生参与各个环节的活动,充分体验、感悟,令其学会感恩、学会生活、学会合作、学会交往、学会关心。以这样的方式,帮助学生养成良好的行为习惯和集体主义观念及社会责任感,为促进其进一步形成正确的世界观、人生观和价值观打下良好的基础。同时把学生培育成具有创新精神与合作精神、实践能力与管理能力、良好的身体素质与心理素质的优秀人才。

4. 事后反思法

服务后有反思。每一次志愿服务之后都会布置学生写一篇反思,可以是对活动的总结,可以是对活动前思考问题的回答,也可以是对活动的感悟、收获,还可以是结合职业体验,谈谈高考志愿或专业选择,做好生涯规划。我们也鼓励学生在反思中写下自己对志愿服务的设想,自发设计岗位,如虹口档案馆的学生志愿者们想设计运用语音来播放讲解内容,这些设想都会在每学期学生干部培训会中进行讨论研究。虽然有些设想不一定能操作,但是同学们用心去想、用心去做正是我们志愿服务工作中最难能可贵的。

5. "优秀志愿者"表彰法

为鼓励和表彰在志愿服务中成绩突出的志愿者,鼓励全校学生积极参加志愿服务,每学年都会进行校"优秀志愿者"评选,通过评选树立典型,发挥示范带动、榜样引导作用,同时把志愿服务作为入团的必备条件。

四、 志愿服务的课程评价

首先,构建完善的志愿服务的综合实践活动课程评价体系和标准。学校应当将志愿服务的课程评价的所有细目标,对照"中国学生发展核心素养"进行目标检测,检测目前学校志愿服务课程群细目标是否能完全覆盖"中国学生发展核心素养"。在此基础上,以图表形式分析学校在志愿服务的综合实践活动课程评价设计和实施过程中关注了哪些目标的达成,又忽略了哪些目标的落实。

其次,在实际开展志愿服务综合实践活动的课程评价过程中,应当综合考虑学校、教师、家长、社区、教育部门等多方面的课程评价意见和标准。对学生的志愿服务活动表现、志愿服务意识、参与热情、志愿服务活动类型以及具体的收获成果等进行综合考量,视以上内容为课程评价的标准,以便于增添志愿服务课程评价的科学性、客观性、发展性、完整性。[1]

最后,还可以借鉴国外一些志愿服务机构或志愿服务学校的课程评价内容及标准,结合自身中学的具体情况和地域性条件,完善志愿服务活动及课程类型,并商讨出合理合适的课程评价标准,提升学生的志愿服务意识和热情。

五、 志愿服务实例

垃圾分类　群策群力
——来自初中学生的几点建议

随着现代社会的发展和人口的增加,人们日常生活中产生的垃圾越来越多。在人口密集的大城市,垃圾处理是个大难题。多数的城市都在研究减少垃圾产生的方法,鼓励资源回收,现在部分城市也已经开始施行垃圾分类的政策。垃圾分类是指按一定规定或标准将垃圾分类储存、分类投放和分类搬运,从而将其转变成公共资源的一系列活动的总称。分类的目的是提高垃圾的资源价值和经济价值,力争物尽其用。

我校学生通过观察、讨论、研究,提出了对垃圾分类的几条建议:

---

[1] 陈琦,刘儒德. 当代教育心理学[M].北京:北京师范大学出版社,2007:31—34.

1. 在社区中准备一些垃圾分类专用袋,供居民领取。在袋子上宣传垃圾分类的标语,普及垃圾分类的知识,让居民百姓了解垃圾分类这一行动的目的,加强市民、居民环保意识。

2. 大力开发垃圾回收后利用的研究。争取减少垃圾给大自然带来的污染,对有害垃圾进行无害化处理技术的研究,避免二次污染环境。

3. 建议市政府制定相关政策,鼓励市民积极实行垃圾分类,重视垃圾分类,遵守规定的学校、单位、社区定期奖励。

4. 实行家庭短期收集,定期分时段分类回收。

5. 对一些体积大的垃圾,应该压缩后进行储运,以此提高垃圾的回收率。

6. 增强体系管理。一部分地区只重视回收环节,但清运、中转和处理环节仍沿袭过去的方式,甚至将市民分好类的垃圾混装在一起,分类环节显得毫无意义。

7. 垃圾分类的问题,同样在于人的观念,只有将此理念深入人心,才能更好地引导市民进行垃圾分类。

近年来,随着党和国家的重视,政府积极推进生态建设和环境保护,垃圾分类越来越受到人们的重视。垃圾分类能够更好地保护社会环境,让我们从小我做起,让垃圾分类新观念深入每一个人心中,携手共建美好社会。

图 4-9　学生参与社区垃圾分类志愿服务　　图 4-10　志愿服务取得的成绩

综上所述，我们通过把志愿服务纳入课程体系，引导和激励在校学子形成积极向上、乐于助人的品质，提升志愿服务能力的同时，做到尽己所能回馈社会，塑造服务社会优良品德。而以公益引领德育，关注学生的自主体验和自我教育，能有效推进学校"立德树人"的教育目标，帮助学校形成基于志愿服务课程的课程新模式。

第五章

核心素养培育与生涯规划课程图谱

构建校本的生涯规划教育课程图谱,将生涯规划教育与学校教育教学内容、主题活动、管理机制等有机融合,培养、提升学生的自我规划能力、抗挫折能力和团结协作能力,为学生实现自我发展与终身发展助力。

中学阶段是一个人成长的重要时期,是学生认识自我、了解自我的重要阶段,学生的世界观、人生观、价值观等重要理念在这个时期内形成,这对一个人将来的健康发展起着至关重要的作用。中学生作为一类非常重要而特殊的群体,他们毕业后或升入高中、职校、高等学校,或直接进入职业领域,是国家劳动力与人才的后备力量。他们的职业素质和职业能力,不但决定着其个人的职业发展,还影响着我国劳动力与人才队伍的整体素质以及社会的稳定。因此,在中学阶段开展生涯规划教育,激励学生思考未来,对高中、大学阶段的选课以及今后人生目标的制定,乃至学生的整个生涯发展都起着至关重要的作用。

第一节　3A 素养能力与生涯规划课程

"我是谁?""我以后将从事何种职业?""我现在应该怎么做?"这是每个人在中学生涯中都应该思考的问题。当我们开始思考这些问题时,也就意味着你开始有规划自己未来的意识了。中学阶段是人一生中最为重要的学习和能力提升的阶段。在此阶段开展生涯规划教育,其实就是对人的认知判断能力和规划能力的培养。这不仅有助于学生未来职业、生活的选择,更有助于学生认知和规划能力的形成和提高,归根结底是对学生综合能力的培养,为学生终身发展奠定坚实基础。

一、开展中学生涯规划教育的必要性

1. 顺应中、高考改革的要求

2014 年 9 月,国务院发布《国务院关于深化考试招生制度改革的实施意见》,确定上海市、浙江省为全国高考综合改革试点省市,为其他省、市高考改革提供依据。目前,除了采取 3 + 3 科目组合、文理不分科之外,随着《上海市普通高中学生综合素质评价实施办法(试行)》的公布,综合素质评价已成为各高校录取高中生时"两依据一参考"中的重要内容,通过建立学生综合素质档案,客观记录学生成长过程中的突出表

现,包括学生思想品德、学业水平、身心健康、兴趣特长、社会实践等多方面内容,注重学生的社会责任感、创新精神和实践能力。这就意味着高考的选才标准由文理大方向选才变为综合性选拔人才,这就要求在校高中学生必须尽早确定自己的职业方向,并根据自己和外界环境情况及早制定职业规划。

2018 年,上海中考改革新政发布,明确初中学生综合素质评价制度将在初中毕业和高中阶段学校招生录取中运用。2019 年 4 月,《上海市初中学生综合素质评价实施办法》公布,综合素质评价将重点记录学生四部分内容,即品德发展与公民素养、修习课程与学业成绩、身心健康与艺术素养、创新精神与实践能力,尤其关注适应初中学生成长特点的社会考察、探究学习、职业体验等综合实践活动的情况。因此,学校、家庭、社会关于中学生生涯教育必须跟上形势发展,解决学生的生涯规划问题。

2. 顺应学生个人发展的需求

中学阶段是生涯规划教育的重要时期。生涯规划有助于学生的终身发展和全面发展。学生在中学阶段完成生涯发展任务的情况,直接关系到其个体未来的整体发展。生涯规划教育的开展,有助于指导学生根据自身的性格、兴趣爱好、多元智能等方面的因素探索自我、认识自我,发现自我的优势与特长,以便结合未来社会的职业需求和个人发展方向,确定中、高考志愿填报专业选择、高中选科、未来职业发展方向等。

3. 顺应学校教育发展的需求

上海市第五十二中学是虹口区唯一一所完全中学,学生年龄跨度大,从 12 岁到 18 岁,且初、高中学生生源不理想。学校开展生涯规划教育,以尊重学生个性化发展为主要目的,促进学生基础教育与高等教育的有效衔接,顺应学生自身个性发展的内在需求。

上海市第五十二中学的生涯规划教育课程,从兴趣、性格、能力、价值观等方面,引导学生思考"我是谁";从家庭、社区、职业等方面,引导学生关注环境,走入社会;从自我管理和决策方法等方面,启发学生规划生涯,引领发展。通过生涯指导课程,可以帮助学生了解自己(兴趣、性格、能力、价值观念)、了解职业(种类、专业、背景、必备能力、发展前景等)、了解招生政策,学会选择适合自己的人生方向,能帮助学生更理性而全面地了解自己,初步学会对自己人生进行规划,在提高综合素质的同时,使学生具有基本明确的人生目标,进而有效调动他们的学习积极性,激发其学习潜能。

初中阶段的生涯规划教育课程主要以"生涯探索"为主,重点帮助学生明确自己的兴趣、爱好,认识自我,逐渐形成主体意识;了解有关职业的知识与基本技能;教学生学会选择,学会做人,逐步确立自己的理想,制定奋斗目标和计划,为进一步升学做好准备。

高中阶段是学生生涯发展中重要的转折点。这一时期的生涯规划教育课程主要以"生涯准备"为主。重点帮助学生进一步了解自身需求和社会需求,明确自身的能力倾向以及对职业的兴趣和价值倾向;让学生进一步掌握某些职业所需的知识以及相关的职业道德;科学地运用方法和措施,充分发挥个人潜能,克服困难,掌握一定的生涯决策和规划的技能,为升入大学与今后的人才选拔做好准备。

二、 3A 素养能力

随着全球科技的迅猛发展,为了适应世界复杂多变的多元需求,在国际组织的影响下,"素养"越来越受到世界各国的重视,并逐步成为教育改革的核心。习近平总书记在十九大报告中再次指出:"要坚持立德树人根本任务,培养德智体美全面发展的社会主义建设者和接班人。"怎样才能将"立德树人"真正落到实处呢? 2014 年,教育部研制印发的《关于全面深化课程改革,落实立德树人根本任务的意见》中提出:"教育部将组织研究提出各学段学生发展核心素养体系。"研究学生发展核心素养是落实立德树人根本任务的一项重要举措,只有明确学生应具备哪些必备品格和关键能力,才能将"立德树人"真正落小落细落实,促进学生全面而有个性的发展,提升学校全面育人功能,服务学生终身发展。

中国学生发展核心素养以培养"全面发展的人"为核心,分为文化基础、自主发展、社会参与三个方面,综合表现为人文底蕴、科学精神、学会学习、健康生活、责任担当、实践创新等六大素养,具体细化为国家认同等十八个基本要点。

对于普通中学学生而言,相比重点中学的学生,他们缺乏学习兴趣和目标,学习习惯也不尽如人意,但他们也终将走向社会,找寻属于自己的成功。怎样帮助他们识别自己的兴趣和能力? 怎样帮助他们找寻到努力的方向? 怎样帮助他们克服阻力,想象未来的自己? 为此,上海市第五十二中学尝试结合学校实际,将培养、提升中学生的自我规划能力(Ability of self-construction)、抗挫折能力(Ability of anti-frustration)、团结协作能力(Ability of cooperation)作为学校生涯规划教育的主要内容。

1. 自我规划能力(Ability of self-construction)

"自主发展"是中国学生发展核心素养的其中一个方面,学生实现自主发展的前提是要认识自我、了解自我,在此基础上,教师再引导学生有计划地尝试设计、规划自己的未来。"凡事预则立,不预则废。"自我规划能力是一个人实现人生价值的基本能力之一,自我规划是学生自我发展、自主发展、个性化发展的重要环节。自我规划主要包括自我认知、目标定位、行动路线三个方面,其中,自我认知是自我规划的前提条件,目标定位是核心内容,而行动路线是实现途径。基于学生发展需要,尤其是在当前中、高考新政改革的背景下,提升学生自我规划能力显得尤为重要。

2. 抗挫折能力(Ability of anti-frustration)

挫折是成长的必经之路,没有一个人的生活是一帆风顺的。当今社会是一个充满竞争的时代,无论学生是在成长过程之中还是踏入社会之后,都会面临学习、生活以及工作中出现的各类问题、困难和挫折,从而引发一系列的心理适应不良和心理障碍。抗挫折能力是学生在面对逆境时的处理能力。目前,提高学生的抗挫折能力已经成为学校心理健康教育急需解决的问题之一,同时它也是未来学生走向社会在工作中所不可缺少的能力。学校要引导学生坦然面对挫折,要有承受失败的勇气和能力,让学生学会冷静思考,学会寻求帮助,增强信心,战胜挫折,走出困境,学会在挫折面前不认输,提高学生心理素养。

3. 团结协作能力(Ability of cooperation)

沟通与协作能力被列为 21 世纪核心素养之一。具备团结协作能力,不仅仅在学校需要,同时它也是现代社会评价人才的重要标准之一,是新型人才必备的基本内在素养。合作学习、团队活动等方式,旨在培养学生的集体意识和协作精神。培养学生团结协作能力是发展学生核心素养的关键。学生在合作的过程中通过承担责任、贡献价值、学会协商与妥协等,逐步具有合作技能,从而使自己的知识、技能、情感、态度、价值观等多方面都得到提升。

学校通过构建生涯规划教育课程图谱,探索形成具有校本特色的生涯指导课程方案、系统学材和教育模式,帮助学生提升"三种素养"能力,教给学生适应未来社会发展所需的关键知识、技能与态度,使学生在人生的任何阶段都能主动、智慧、持久地适应社会,实现自我发展与终生发展。

第二节　生涯规划课程的内容框架

近年来,上海市第五十二中学立足完中特点,力图以中、高考改革为契机,以"校本生涯规划课程"为载体,以提升学生"3A素养"能力为目标,结合校情、学情,通过校内外联动,从学科教学渗透到实践活动体验,首次构建完中可操作性强的生涯教育体系,形成上海市第五十二中学生涯教育的特有模式,以促进学校的特色发展,推动素质教育的实施。另一方面,学校借助课题以及区校项目研究,以点带面,引导和培养学生正确的价值观和生涯规划意识,增进学生自我设计、自我发展的主观能动性。下面,我们就以学校高中学段为例,简略地介绍学校生涯规划教育的课程图谱。

一、 高中生涯教育内容

高中阶段生涯教育的焦点是教给学生生涯规划的方法,学习拓展和识别自己的兴趣、能力等个人特质,尝试对某一项或某几项兴趣方向进行较为深入的探讨,了解与其关联的专业、职业、工作、生活方式等,建立现在的学习和将来的生涯之间的关联,为自己将来的生活方式作初步的选择。生涯规划将帮助中学生思考自己的未来,让学生有机会想象"未来的我",为他们认识自己和世界提供了机会。

针对不同年级,学校高中生涯教育的内容为高一年级——以"生涯观察"为主,确定学习目标、认识自我、选科指导等,提升自我规划能力;高二年级——以"生涯探索"为主,内容涉及情绪辅导、人际关系辅导、异性交往辅导等,提升团结协作能力;高三年级——以"生涯决策"为主,以"志愿填报辅导和求职辅导"为主要内容,设计三个生涯专题辅导活动:考前心理辅导、志愿填报辅导和求职辅导,提升抗挫折能力。

二、 高中生涯教育课程图谱

我们将生涯教育纳入学校课程体系,开设生涯教育课程,并在学校其他学科教学中全面渗透生涯教育的内容,制定本校高中三年生涯规划课程体系。通过心理课程、专题辅导、活动体验等多种模式,发挥学生的主观能动性,让他们学会自我探索、自我规划、自我发展。

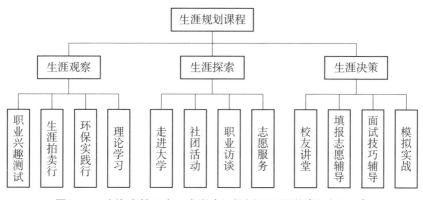

图 5-1 上海市第五十二中学生涯规划课程图谱(高中学段)

(一) 生涯观察

1. 破冰课程——人生从这里起步(高一年级)

生涯教育理论学习的主要内容以心理学理论为基础。学校编写《生涯教育校本课程》,由心理教师负责教学工作,普及生涯发展规划基础知识,让学生"知其所以然"。同时,通过专家讲座、规划师讲座等多种形式,使学生认识生涯规划和人生规划需趁早的重要意义,加深对生涯教育的认识,并以此为起点,开始思考和规划自己的未来。专业以上是职业,专业以下是学业。高中阶段就是要立足兴趣爱好,学生在落实学业的基础上,能进入理想的大学进行专业学习,为未来顺利入职做好充分的准备。通过破冰课程,学生认识到从高中阶段的学习到专业和职业的选择,都必须正视自己的优点和缺点、能力和兴趣,学会理性地对待生活和未来。

2. 测试课程——认识从这里开始(高一年级)

高中阶段是个体自我意识高度发展的阶段。学校组织学生通过 MBTI 职业性格测试、霍兰德职业兴趣测试以及开展"生涯拍卖行"的活动等,帮助学生从性格、兴趣、能力等多维视角去认识自我、了解自我。学生们在了解"我是谁? 我有怎样的兴趣? 我的人格特质是什么? 我具备哪些方面的能力?"后,继续思考"我要成为什么样的人? 我怎样做来实现?"等一系列关于自我的问题。通过科学量表的测试,使学生更好地把握自己,从而引导学生主动地探索自我,规划人生。

3. 规划课程——目标从这里制定(高一、高二、高三年级)

根据测试结果,引导学生通过自我思考和征求师长、专家、同学的建议等,找出优势及不足,确定发展目标,制定实施办法。定期填写《上海市第五十二中学学生成长手册(高中版)》,使每一个学生对高中各学期的学习生活有个初步计划。填写阶段分析与评估表,以达到了解自我、确定目标、制定规划、奋力践行的目的。

(二) 生涯探索

1. 访谈课程——信心从这里建立(高二年级)

学生在规划及实施的过程中,会遇到各种各样的困惑与问题,需要不断调整自己的定位和目标。我们充分利用家长学校、生涯导师等形式,让学生通过对老师、父辈的职业理想与现实访谈等,了解他们成长过程中的选择历程、社会经验及人生情感,进一步帮助学生树立人生与职业理想,坚定信心,找到实现的路径和方法。

2. 体验课程——职业从这里实践(高一、高二年级)

鼓励学生积极参与校园社团活动;利用春、秋游带领学生走进大学殿堂,感受大学校园生活;双休日、寒暑假期间,组织学生以小组为单位,参加社会实践活动和志愿服务活动,到自己感兴趣的行业进行职业体验,从而去真正了解自己的兴趣在哪里,适合做什么,同时,把握各行各业的前沿动态,加强学生的直观感受。

(三) 生涯决策

1. 分享课程——成长从这里见证(高一、高二、高三年级)

定期召开班会,在班会上互相交流是学校生涯规划的必修课之一。学生们在本班同学、老师、家长的督促和鼓励下,见证自己的成长,与大家一起分享成长的典型事例,并请其他同学、老师、家长提出规划的意见和建议。

2. 励志课程——理想从这里实现

引入校友资源,邀请校友回校交流,开拓学生视野。通过开展杰出校友及励志人物的讲座、读书沙龙等活动,让学生认识到人的发展潜能,学会自我控制和管理,在学习生活中不论遇到任何艰难险阻也不要迷失方向。激发和培养学生内在的发展动力,让学生能够不断地感受到自我成长的美好。(高二、高三年级)

3. 实战课程——梦想从这里启航(高三年级)

人生充满了各种选择,但关键的却只有几步,高考填报志愿、春考面试等就是其中之一。学生根据平时成绩、前一年高考实际情况等多方面因素,进行合理分析,同时老师也会为高三学生高考择校提供详细、实用、有针对性的信息,为学生报考大学与专业提供有效指导,包括参加春考面试的学生。

第三节 生涯规划课程的实施

为促进学生全面发展,学校为每一位学生建立成长档案,将生涯规划教育融入日常教育,同时,依托生涯规划课题研究,整合社会资源,引领学生自主发展,取得了一定的成效。

一、课题聚焦策略

2016年底,上海学校德育实践研究课题"基于普通高中学生在3A引领下的生涯教育研究策略实践研究"立项成功,学校随即成立了生涯教育课题小组,成员包括分管德育领导、政教主任、团委书记、高中班主任及部分学科教师,以高中学生为对象,制定课题实施方案,全面开展生涯教育。课题组成员按年级组进行科研情报收集,对国内外有关理论研究与案例进行分析、归纳和总结。设计生涯教育调查问卷,通过问卷调查,全面了解现阶段学校的生涯教育工作,为课题的研究找准立足点。同时,整理出本校学生急需解决的生涯发展问题,其中涉及学习、心理、性格、大学、理想、能力、实践、求职等方面。

在课题研究过程中,学校开设了生涯教育课程以及相关的心理健康辅导、学习方法辅导等课程。分年级开展各类生涯教育活动,设计生涯教育项目方案,如高一年级的"传工匠精神,行人文之旅"职业生涯人物访谈课程,学生采访身边亲人,进行职业初探索;高二年级的"展志愿服务,树责任意识"职业体验志愿课程,学生参与爱心暑托班、轨交3号线、凯鸿广场等实践基地的活动,撰写职业体验感悟。学校还积极探索适合本校学生生涯教育的新途径,编写《上海市第五十二中学生涯教育校本教程》。

2020年,"基于3A素养的生涯指导课程的实践研究"被列为虹口区重点课题,我们在先前研究的基础上,融入初中学段要求,力图在把握其他学校成功案例的基础上,以中、高考改革为契机,以"校本课程"为载体,构建学校初、高中阶段可行性生涯教育体系。

二、 融入教学策略

将生涯教育融入日常的班级管理和各学科的常规教学中,主要由班主任、各科任教师自主融入,阶段性地进行生涯调查和指导。

学科教材中蕴含着丰富的生涯教育资源,是学生自我发展、自我规划、兴趣培养的良好载体,值得教师深入挖掘。各学科教师在备课时应根据教材内容适当融入生涯规划教育,对与该学科相关的专业知识和能力要有深入的了解和认识。教师可充分利用自身优势,在学科教学中拓宽教学方法,有意识地培养学生的职业能力。同时,针对高中选课要求,每位学科教师在开学伊始必须上一堂序言课,展现该学科的特征和魅力,介绍该学科与大学专业的报考方向。

班主任定期开展有关生涯规划教育的班会课,并作好相关记录和资料积累。同时,利用班主任培训时间认真交流,并结合学校科研认真反思,积极撰写教学案例和小论文。通过相互探讨,不断丰富生涯规划主题班会的内容,及时调整班会活动形式,充分调动学生的积极性,促进学校生涯规划教育的开展。

三、 成长记录策略

从新生入学起,学生在班主任的指导下定期填写《上海市第五十二中学学生成长手册(高中版)》,使每一个学生对高中各学期学习生活有个初步计划。同时,利用校本《成长手册》为每一位学生建立生涯发展档案,跟踪记录学生在校三年的发展情况,内容包括生涯规划、行动计划、成长历程、活动感悟、心理评估、学习表现、特殊表现、自我评估等。期中考试后,班主任和各任课教师根据考试结果,发现学生学科倾向,开展挫折教育和信心教育,与学生面对面交流学习、生活、升学及就业等问题,引发学生思考将来的理想和生存方式,对未来充满信心;期末考试之后,各班召开家长会,教师和家长交流学生学习情况,力求对学生的教育做到因材施教,有的放矢。

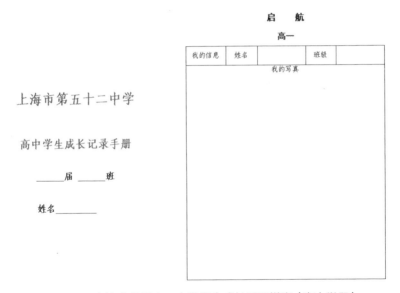

图 5-2 上海市第五十二中学学生成长手册样张(高中学段)

四、 整合资源策略

学校充分发挥导向功能,广泛利用各种资源,全面开展生涯教育活动。

借助家长资源。积极组织召开家长会,教师、家长、学生三者面谈,了解情况,解决问题;开设"家长讲堂",以年级为单位,每学期邀请一位家长来作讲座,与学生分享其工作情况、发展前景等,激发学生思考对未来职业的选择。

借助社会资源。邀请华东理工大学MBA项目职业导师、央企人力资源总监来校讲述个人成长经历和当今社会的人才需求情况。

借助校友资源。邀请优秀毕业生来分享他们高考、大学的学习生活,为学弟学妹的生涯规划提出切实的建议。

借助高校资源。参观高校校园,体验高校生活,聆听学长经验分享等,近距离地了解大学、专业、职业,开拓学生眼界,为他们的发展方向提供参照。

五、 队伍建设策略

1. 打造专业化师资队伍

高中生涯教育有其内在规律,需要专业师资对课程内容和方法进行准确把握,这样才能为学生提供有针对性的指导。学校利用教师培训的时间,对全校教师进行生涯教育的知识普及,增强生涯意识,为相关工作的开展提供专业的指导;学校选送优秀教师(年级组长、班主任优先)参加生涯规划师的培训。通过专业培训与学习,结合他们丰富的教学经验,旨在打造一支专业化的师资队伍,进而回校开展生涯规划教育,帮助学生认识自己、规划人生,并给予学生职业适应与发展方面的咨询、辅导和建议。

2. 完善导师制实施体系

导师制,其最大的特点是师生关系密切。"导师制"引领下的高中生涯教育,能更好地贯彻全员育人、全过程育人、全方位育人的现代教育理念,能更好地适应素质教育的要求和人才培养目标的转变。

学校成立生涯规划教育导师制实施领导小组,全面负责此项工作的领导、规划、实施、指导、评估和检查,采用教师申报与年级组推荐相结合的方法来选聘导师,获得导师资格的教师要掌握学生的个性特点、兴趣爱好、家庭状况、人际关系等。在指导过程中,导师要关注并掌握学生思想、品德、心理等表现,通过与学生的交流促进学生身心健康发展。同时,导师要正确评价学生高中三年参与课程的情况。

六、 案例分析策略

　　我们围绕高中生涯教育,征集优秀案例,内容包括班级日常管理案例、学生教育案例、主题班会案例、实践活动案例等,在提高课题组教师业务素质和科研水平的同时,旨在总结经验,探索规律,积累本校典型性、实效性案例,促进教育资源共享,增强学校生涯教育的工作实效。

案例

爱心支教公益行课程

　　2019 年 7 月下旬,上海市第五十二中学开设了一门特殊志愿服务体验课程——爱心支教公益行。此次课程活动是由团市委、市青协联合承办开展的市级扶贫攻坚公益活动,学校在获得相关活动资源后,以自主报名和学校选拔相结合的方式组建高中爱心公益团队,希望此活动能让参与学生逐渐提升 3A 素养能力。部分高中学生干部以爱心陪伴志愿者的身份来到了离上海 1800 公里的红色故土——贵州遵义。

　　爱心公益行作为志愿服务体验课程,充分利用共青团活动课和暑期时间,其内容包括:行前业务培训、公益众筹宣传、地质勘探考察、陪伴留守儿童等活动。

(一) 课程设计与实施

课时 1:众筹义卖

　　课程设计以学生干部为小队,在团队及老师的共同努力下,以商业的手段,帮助当地脱贫,助力"黔品入沪"项目的推进。经过系统培训后,队员们将通过行前众筹和行中义卖等途径,帮助山区学校援建图书馆,为山区文化、旅游等推广助力。

课时 2：行前培训

参加课程的学生需要经历笔试、面试、培训、众筹、商业义卖等种种挑战，才能加入战队，参加为期两天的集中培训。学校邀请专业导师为学生们传授"山区教育典型问题案例与解决""青少年授课、互动方法""电商销售""短视频制作方法""云南行安全宣讲"等课程，还会组织学生前往知名企业见学，帮助大家掌握知识技能，参与实战演练。

课时 3、4：行走乡村课题

千里之行，始于足下；读万卷书，不如行万里路；旅行的意义在于不断发现和思考。本次课程选择的元阳、遵义、喀什不仅是对口援建地区，也是具有丰富人文资源和生态资源的热门旅游地。学生们在行程前根据目的地资源制定学习目标，确定研究课题，让课程变得更有主题，更有研究性，更有成就感。

国际上统称的探究式学习（Hands-on Inquiry Based Learning，HIBL）是一种实践性很强的教育教学活动。本次公益行课程秉承研究性学习和旅行体验相结合的原则，鼓励学生们进行小课题探究，形成总结报告，提高发现问题、解决问题、团队合作、抗挫折等各种能力，返程后邀请家长参加结营仪式，进行汇报展示。

课时 5、6：爱心暑托班

爱心暑托班在上海已经连续四年被列入市政府实事项目，深受上海人民的喜爱。而在遵义，留守儿童的暑期"看护难"问题更值得关注。以上海爱心暑托班为蓝本，学生为贫困地区留守儿童量身定做诸如"性教育启蒙——我从哪里来""自立自强""安全自护"等系列课程，帮助当地儿童启智并立志。

"怎样当好一名老师"是摆在学生们面前的一道难题。大家充分发挥一己所长，所在"战队"小伙伴与来自高校的大学生助教一起设计"爱心暑托班"课程，编写教案和学习单，制作教学具，反复练习，突破自我。"爱心暑托班"教学过程中，同学们还有机会当一名"学生"，跟着当地小朋友及村民学习传统手工编织、土灶烧饭等，了解非遗文化。

（二）收获与思考

1. 创新课程设计——团队协作助推爱心支教

7 月初，学校进行了为期两天的半封闭式集训，通过理论学习和互动体验，学生们很快进入了"教师"的角色。集训中，大家通过借阅参考资料，积极讨论、自主研发课程，认真完成教学设计，不断完善教学内容。学生组成了两个小组，运用社交平台积极准备。由于时间紧、任务重，团队成员分工明确，相互配合，分享课件，共同研讨，刚形成的集体逐渐形成了凝聚力和战斗力，每一位成员的团队协作能力也得到了提升。最终，学生们研发的课程获得了上海市最受欢迎课程，在遵义当地也深受留守儿童的喜爱。

2. 发动公益众筹——群策群力助力脱贫攻坚

半封闭式集训结束后，学生们在全市范围内发起公益众筹，为此次爱心支教的山区学校筹集善款，为山区的留守儿童奉献我们的一份爱心。学生们集资设计制作宣传册，利用微信、微博、QQ 等媒体平台发起公益众筹。短短几日，我们身边的同学、家长、老师纷纷加入，大家慷慨解囊，奉献爱心。此外，小组全体成员为了能让更多山区的留守儿童得到社会的帮助，冒着酷暑，走上街头，先后在南京路步行街、南京西路等繁华地段派发宣传单，发动更多的人参与支持我们的公益事业。过程中，学生们学会了忍耐，学会了宽容，学会了换位思考，更重要的是，学会了坚持。

3. 心系伟大祖国——坚定信念弘扬革命传统

课程中，学生们身穿红军服，沿着红军的足迹，重走长征路，共同感受红色历史之美、遵义之美。大家参观了遵义会议旧址纪念馆，瞻仰了红军烈士陵园。在导师的带领下，同学们举起右手庄严宣誓，重温了入团誓词。这次红色研学之旅让学生们对党和红军更多了一份了解和认识，也使大家对中国共产党增添了一份敬畏和向往。

4. 地质勘探考察——实践研学领略祖国河山

在双河谷研学教育基地，学生们了解了洞穴测量的发展历史，学会了SRT 绳索技术和地质年代鉴别的知识，通过洞穴测量实践活动，不断挑战自我的极限。活动中,大家齐心协力,把握时间节奏,认真记录勘测数据。大家用严谨的研究态度,认真细心地完成勘测任务,相信这样的处事方法和思想态度以及积极乐观的心态,会成为学生将来人生道路上极为重要的财富。

5. 公益暑托班——爱心陪伴关爱留守儿童

学生们将"爱心暑托班"开到了山区。大家分组进行活动。烹饪组外出采购食材,亲自动手为山区孩子烹制爱心午餐;教学组为孩子们带来了事先准备好的应急救护课程、自然地理课程,并对孩子们的学业进行辅导;活动组带领孩子们参与游戏以及体育活动。大家分工明确,配合得当,"公益暑托班"受到了山区孩子们的一致好评。

6. 汇报展示——多元评价促进学生发展

课程结束后,学生们在9月"开学第一课"上进行了汇报展示。成员们以《十日遵义,青春无悔》的诗朗诵和自制 VCR,向全校师生及家长展示了此次志愿服务体验课程的收获。大家对课程评价良好,并纷纷表示,明年如果再次参与,将会比今年做得更好。本次课程还依托学习手册,从自我评价、小组评价、教师评价和社会评价四个维度对参与学生在学习实践中的表现加以评估,重点突出学生的主观体验与收获感悟,通过实践课程前后的鲜明对比记录学生成长的巨大变化,以此体现学生在关键能力上的显著提升。

为期10天的志愿服务体验课程,是参与学生内心难以磨灭的印记。此次课程不仅得到了老师、同学、家长的大力支持,也得到了社会舆论的广泛关注。中国青年报、新民晚报等多家国内外媒体先后进行大篇幅报道,多名学生还接受了媒体的独家专访。在课程中,同学们学会了团队协作,在地质勘探中学会了严谨踏实,在公益众筹中学会了自主创新,在实践探索中不断认识自我、完善自我,学生的语言表达能力、团队协作能力和抗挫折能力都有了明显的提升。大家收获的不仅是经历,更是心灵上的滋润。

第四节　生涯规划课程的评价方法

　　课程评价是指根据一定的标准和课程系统信息,以科学的方法检查课程的目标、编订和实施是否实现了教育目的,实现的程度如何,以判定课程设计的效果,并据此作出改进课程的决策。课程评价的对象范围较广,其中既包括课程计划本身,也包括参与课程实施的教师、学生、学校,还包括课程活动的结果,即学生和教师的发展。

一、　遵循原则

　　生涯规划教育课程不同于其他知识性学科,它是一门综合性课程,因此,课程评价是综合的、全面的,应从多种角度,运用多种方法对教学过程以及授课结果进行评价。内容包括教学目标的达成度、学生参与度、同伴及导师的评价等。评价方法也可更多地采用自我鉴定、分享交流、过程观察、成果检验等量化和质性评价相结合的方式进行。相比较于其他学科课程评价,生涯规划教育课程的评价更着眼于促进学生全面发展,更侧重于观察和衡量学生的表现,从而激励教师转变观念,促进教学水平的不断提高和发展。

　　对于生涯规划教育,许多学校正处于起步阶段,生涯规划教育的课程评价目前还未形成一个统一的标准,五十二中学也处于一个独自摸索、互相借鉴的阶段。为更有效地进行评价,学校设计了多种评价方式,包括学生自我评价、组内互评、导师评价、第三方评价等,以确保课程评价更为全面、客观和有效。

二、　具体实施方法

　　生涯规划教育的课程评价不仅能直观地体现课程效果,还能根据其实际情况作出针对性的调整,从而推动生涯规划教育课程体系的发展。目前,学校主要通过以下四个方法来进行课程评价。

1. 自我鉴定法

学生在课前撰写"生涯规划书",制定个人阶段性规划和未来职业规划。课程实施过程中,学生阶段性地填写目标达成情况,对照"生涯规划书",检查个人规划达成度,从而对自我进行阶段性的评定。

教师通过学生撰写的"生涯规划书",能直观地了解学生对自我的认识,以及对将来学业、目标、职业等方面的认知和规划。"生涯规划书"还可以帮助教师对学生的生涯规划意识及能力进行判断,从而预估学生的学习效果和课程的达成度。同时,教师通过课后反思,进行自我评价,以提高自己的综合水平。在授课过程中,教师也可根据学生目标达成度,对课程的设计进行微调。

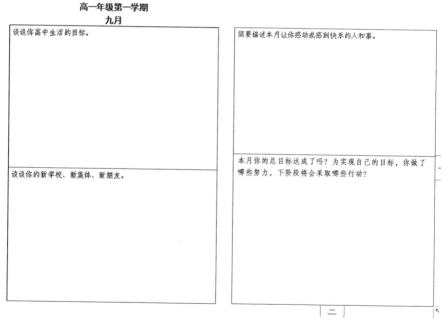

图5-3 学生阶段性"生涯规划书"

2. 分享交流法

在课程实施过程中,许多项目要通过小组合作的形式完成,在学生合作讨论交流的过程中,就可检验学生倾听他人、接受他人观点和意见的能力,同时,也可对学生是否能合理规划并清晰有条理地表述自己观点作出正确评价。

　　教师在课后通过问卷调查、个别交流、小组座谈等方式,充分了解学生对该课程的兴趣,让学生对课程提出建议和评价,从而及时调整课程设计。

　　3. 过程观察法

　　课堂活动任务单是学生进行小组自主活动的任务驱动工具,教师可根据任务单来检验学生达成学习目标的情况。课程实施过程中,学生填写活动任务单,记录自己个人以及小组其他成员的学习情况。教师通过观察学生在课堂中的表现,填写《课堂活动记录表》,从而检验学生发现、提出、分析、解决问题的能力,对学生的学习态度及学习成果进行有效评价。同时,教师可根据实际情况,对课程作出相应调整。

案例

　　以高二年级"走进大学——识上体、习上体"社会实践课程为例:学生通过参观校园、观摩课程、与校友座谈交流、完成学习任务单和课程评价单(表5-1)等,从多个方面了解体院的现况,以及体院的未来发展,进一步了解体育事业在上海开展的规模之大、程度之深,激发学生报考上海体育学院的积极性。

上海体育学院活动任务单
【篮球课程+武术博物馆】

时间:_____年____月____日

地点:_____

一、知识竞答

篮球板块

1. 篮球起源于(　　)。

　　A. 美国　　　　B. 英国　　　　C. 法国　　　　D. 韩国

2. 篮球之父是( )。

    A. 詹姆斯·奈史密斯   B. 加布里埃尔·雷耶斯

    C. 勒布朗·詹姆斯   D. 迈克尔·乔丹

3. 球员在赛场上因犯规被罚下场,其犯规最多次数为( )。

    A. 3次   B. 6次   C. 5次   D. 8次

4. NBA 全称是( )。

    A. 美国职业篮球联赛   B. 世界职业篮球联赛

5. 球员站在罚球线投篮得( )分。

    A. 1分   B. 2分   C. 3分   D. 4分

6. 篮球比赛指定每队球员为( )人。

    A. 5   B. 6

    C. 7   D. 8

7. 右图中属于合理冲撞区的是( )。

    A. ①   B. ②

    C. ③   D. ④

武术板块

1. 武术起源于( )。

    A. 原始社会   B. 青铜时代

    C. 近代社会   D. 铁器时代

2. 以下对武术的定义中,正确的是( )。

    A. 止戈为武   B. 临兵斗者皆数组前行

    C. 保家卫国之术   D. 防身自卫之术

3. 抱拳礼是汉族传统礼仪中的一种相见礼,正确姿势是( )。

    A. 左手握拳,右手张掌盖拳   B. 右手握拳,左手张掌盖拳

    C. 双手握拳紧靠胸前   D. 双手张掌交叉于胸前

4. 以下不属于武术门派的是( )。

    A. 少林   B. 武当   C. 华山   D. 阴阳

5. 叶问、李小龙是( )拳的继承人。

    A. 咏春拳   B. 形意拳   C. 太极拳   D. 南拳

二、观后有感

武术是我国古代军事战争的一种传承技术,作为广受喜爱的传统健体项目得以保留,并不断被推广、传承。篮球是近代发明的一项身体对抗性体育运动,起源于美国马萨诸塞州,自产生之日起就拥有着不可估量的影响力。两种运动,一为传统,一为现代,一属个体,一属团队,一刚柔并济,一激烈变幻……不同的运动形式给人以不同的感官享受和精神领悟。

1. 请查阅资料,比较篮球和武术运动精神的异同点。

	相同点	不同点
篮球		
武术		

2. 请任选篮球观摩或武术参观中的一项,结合活动中的具体细节,谈谈你对于体育精神的理解。

选择项目: _____

我的理解: _____

_____

_____

_____

_____

三、明星发布

体育界众多明星之中，你最欣赏的是哪一位？请从人物卡片和PPT制作这两种形式中任选一样，为大家介绍你心仪的明星。

备注：

1. 介绍包含人名、领域、事迹介绍等要素，重点在于对其精神品质的领悟认识。

2. 班级交流后上交介绍资料成品。

表5-1 上海市第五十二中学高二年级社会实践课程评价单

评价项目	评价要素	分项权重	自我评价	组内互评	导师评价
活动前	1. 组内分工明确	10			
	2. 组内建立联络网络图	10			
	3. 组名积极向上	10			
活动中	4. 小组成员出勤率	10			
	5. 活动记录的完整、及时性	10			
	6. 小组活动的团队合作精神	10			
活动后	7. 活动预期目标的达成度	20			
	8. 材料的规范与完整性	20			
满分值（100分）	成绩	100			

4. 成果检验法

课程结束后，通过主题汇报与成果展示，教师或第三方（实践基地、社区等）根据学生在课程中的参与度和完成度进行综合评价，尤其要关注学生在自我规划能力、团结协作能力以及抗挫折能力上的提升。同时，学校教导处、政教处通过检查教师备课情况、听课、开展学生座谈等方式，对教师以及课程作出客观的评价。

学校还为生涯规划课程设计了"生涯规划教育课程评价表"（表5-2）。采用量化计分的方式,对课程目标、课程内容、课程实施的过程和结果等四个项目进行打分,共分为四个等级:等级 A 为 90—100 分,通过评价;B 为 80—89 分,部分项目需要调整;C 为 70—79 分,课程需要重新修订;D 为低于 70 分,则课程需要重新设计。

表 5-2 上海市第五十二中学生涯规划教育课程评价表

评价项目	评价要素	分项权重	得分情况
课程目标	符合三维目标	7	
	符合学生学科选择和升学择业目标	8	
课程内容	符合学生学科选择和升学指导的需求	10	
	有生涯知识内容	10	
	有体验活动内容	10	
课程实施过程	课程组织形式科学合理	8	
	以学生为主体	8	
	师生互动	8	
	教学策略合理	8	
	媒体使用有效有度	8	
课程实施结果	学校对课程的评价	7	
	学生对课程的评价	8	
等级		总分	
建议			

第六章

学科核心素养培育与学科课程图谱

在学科课程建设中引入课程图谱,可以实现课程从分散无序到有序整合,可以有效促进系统地实施课程设置,确保科学、规范地建立课程架构,提升学校课程建设质量。

随着英语作为国际通用语言的优势地位不断发展,英语教育也不断变化,由传统教学单一的解题训练的模式,逐渐转变为对于英语学科核心素养的培育。因为只有如此才能更好地教会学生对这门学科进行熟练的运用,达到学科教学的根本目的。以学科课程图谱为特点的学校课程系统为达成育人目标,实现核心素养搭建了科学规范的架构,通过这一载体可以有效提升学校课程建设的质量。

第一节　英语学科课程的基本理念

高中英语课程是全面贯彻党和国家德、智、体、美全面发展教育方针,落实立德树人根本任务,体现社会主义核心价值观的重要载体之一。[①] 它是以培养德才兼备的学生为目标,与九年义务教育课程相衔接,培养高中生英语学科核心素养的文化基础课程,同时坚持德能兼备、教学相长、教评结合的原则。[②]

一、 基本理念

1. 立德树人从根本上要求发展学科核心素养

时代赋予了普通高中英语课程将育人作为其根本使命。高中英语学科在培养具有中国情怀、全球视野与跨文化交流能力的国民方面的作用是无可争议的。通过培养学生的综合语用能力,将着力点放在态度情感和正确价值观的教育上,让学生掌握全面适应发展潮流所需的语言能力、文化意识、思维品质和学习能力。教育部《关于全面深化课程改革　落实立德树人根本任务的意见》中指出:立德树人是发展中国特色社会主义教育事业的核心所在,是培养德智体美全面发展的社会主义建设者和接班人的本质要求。课程是教育思想、教育目标和教育内容的主要载体,集中体现国家意志

① 中华人民共和国教育部. 普通高中英语课程标准(2017 年版)[S]. 北京:人民教育出版社,2018:1.
② 徐英. 刍议普通高中英语新课程基本理念[J]. 速读旬刊,2017.

和社会主义核心价值观,是学校教育教学活动的基本依据,直接影响人才培养质量。①

上海市北虹高级中学学校章程中阐述了学校的培养目标,即将学生培养为有知识、有道德、积极的公民;品鉴艺术,有美学视角的生活者;追求卓越,能适应未来挑战的终身学习者。基于这样的培养理念,学校结合国家课程标准以立德树人和核心素养为制定英语学科课程标准的主要脉络,在落实核心素养的过程中注重课程的理念与性质、目标与结构、课内容与评价等方面的渗透与理解,让学生通过了解英语国家文化,学习英语学科文化知识,成为有全球视野的思考者。

2. 满足学生发展需求必须构建学科共同基础

与义务教育阶段英语课程能否有效衔接决定了能否有效构建形成高中英语核心素养。这就要求高中学校要正确理解实施必修课的基本特点,课程在教学设计的环节中就要意识到课程覆盖的全面性要求,学生学习相应的课程并具备语言能力、文化意识、思维品质和学习能力,这也为他们将来可持续性的科学健康发展搭建坚实基础。此外,学校应充分放手放权,开设多种不同类型层次的选修课作为基础教育资源让学生根据自己的学习特点、学习习惯和未来目标等选择选修课内容,切实落实学科核心素养。

3. 提升学用能力必须通过践行学习活动观

《普通高中英语课程标准(2017年版)》(以下简称《新课标》)指出:普通高中英语课程倡导指向学科核心素养的英语学习活动观和自主学习、合作学习、探究学习等学习方式。教师应设计具有综合性、关联性和实践性特点的英语学习活动,使学生通过学习理解、应用实践、迁移创新等一系列融语言、文化、思维为一体的活动,获取、阐释和评判语篇意义,表达个人观点、意图和情感态度,分析中外文化异同,发展多元思维和批判性思维,提高英语学习能力和运用能力。② 要把课堂还给学生并以学生为中心,就必须提倡学习活动观的理念。在学习活动的设计上,注重核心能力的综合培养,运用多种学习方法,创设结构,培养学生的学习能力。在设计英语教学活动时,注重完

---

① 教育部关于全面深化课程改革落实立德树人根本任务的意见[J].基础教育改革动态,2014(11):6—11.
② 夏谷鸣,杨良雄.走进新课标,迎接新挑战——《普通高中英语课程标准(2017年版)》解读[J].福建教育,2018(11):38—41.

整性、针对性和实用性,使学生学会从实例中得出结论和运用结论,学习活动观的目的是促进学生的学习和可用性。因此,我们应该把活动是否能提高学习和学习能力作为一个检验指标,包括活动是否能表达个人的意图愿望及态度情感,学生的能力和学习效率是否能得到提高,能否体现文化自觉,能否形成多元批判性思维。

4. 形成核心素养必须依托课程评价体系的完善

建立以学生为中心的课程评价体系是为了让学生能够更加健康全面的发展,评价的重点应放在基础英语能力的培养和发展上,使用多元评价法,注重评价在促进学习中的作用,通过对在英语学习过程中学生情绪、态度和价值观的观察,来帮助学生改进学习方式。形成性评价在我国现行的课程评价体系中还处于不太被重视的地位,但一个全面健康的评价体系应该注重对学生核心能力的培养和发展,采用多种模式相结合的评价体系。科学有效的课程评价体系旨在帮助学生形成自我评价的能力,通过自我评价控制调整学生自身的英语学习目标、策略和方法。

二、 学校英语课程理念

以上这四条英语课程理念并非彼此独立,而是相互协调关联的,分别对于育人目标的确立、课程方案的落实、教学方式的转变、评价体系的完善和教学技术的运用进行了详细阐述。英语课程理念进一步明确了英语课程的根本任务是立德树人,突出了其德育的功能,强调了在课程中有效渗透世界观、人生观、价值观教育的重要性,这也是其他几条课程理念的立足之本。

我校的"灵动共生英语"(Dynamic English)课程设置正是基于英语课程理念,目的是让学生情智皆顾、全面发展,立足为学生提供多样化、有营养的学习内容,持续保持他们的学习热情,符合不同水平学生的发展需求。学生应该有充分保障的自我选择的权利,课程从他们的兴趣爱好和学习能力等着手,不仅可以提高他们充分运用语言的实际能力,而且可以让他们更丰满生动地感受到在全真语境中练习使用地道英语的妙趣横生。"灵动共生英语"营造了轻松、科学、真实的语言学习环境,让学生在多样化多模态的课程学习中汲取养分,培养跨文化、大视角的语言视角,建立起学习英语的信心和成就感,实现学科核心素养的生根开花。

1. 点面兼顾，构建平台

英语课程标准提出了兼顾全面性和个性化的要求，因此我校组织英语组教师认真学习研讨国家课程标准，帮助组内每一位教师明晰新课标之理念和概念，帮助教师正确理解并妥善处理必修、选择性必修和选修的关系，扫除了因为教师理解造成的差异，统一了认识，更加有利于他们将课程理念落实在教学实践活动中。对于必修课程，我们从学生的实际语言水平出发，根据课程内容的要求制定合理可行的教学计划，目标是培养学生良好的学习习惯；对于选择性必修课程，要逐步且适当加深语言难度、内容深度和思维广度；对于选修课程的开设，则要客观参考学校办学条件与师资特点，充分调研学生实际需求，课程要以提高学生语言基础、学习思维能力和为今后升学做准备为目标。

以我校英语选修课程的管理模式为例，教师力图通过让学生体验课程研究的完整过程，合作完成真实的课题报告以获得问题解决的思维路径，最终获得学科综合能力的培养和提升。同时，为优化学习过程的指导和监控，学校编制了《英语选修课程选课指南》《英语学科选择性必修课程指导手册》，明确课程学习评价、学习方法、学习报告撰写规范等（见图6-1）。组织学生完成英语选修课程中例如研究型报告的设计、论证、汇报等关键任务，丰富和完善学生的学习过程与经历，推进学生课程学习的获得感和幸福感。

2. 个性培育，提升素养

高中英语课程要将高中生的认知规律和发展需求考虑在内，一方面注重发展学生对于基本语言技能的学习运用，以及使用英语思维表达能力的提升；另一方面应注重切实提高学生获取处置信息以及解决分析信息的能力，促进学生深入学习和综合发展。教师应鼓励学生发扬个性、展现潜能，其教学设计与实施的过程中必须考虑对英语学习方法的改进，充分发挥学生本身的潜质。借助开发法、体验法和观察法等有效学习方法和策略，让学生的自学能力得到提升；通过开拓多形式学习渠道来助力学生学会加工处理信息资源，促进个性化的学习方法和独立思考能力的形成；同时要关注学生的情绪，激发学生主动与他人合作意识的培育和沟通交流能力的提升。

以我校英语选修课程为例，我们充分围绕英语学习，把课堂的概念延伸至更立体

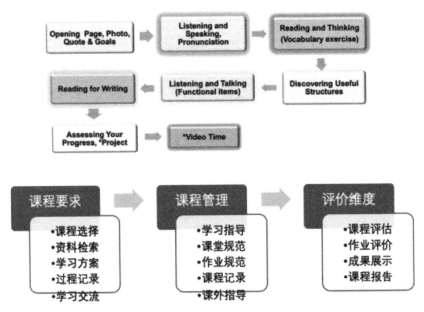

图 6-1 选修课程(Fun EngLish Club)示例及实施流程图

更广阔的概念,使之成为实现英语学科育人价值、落实学科核心素养的重要实施途径(见表6-1)。我校教研组组织了各类英语主题活动,如名著阅读俱乐部、英语戏剧社、英语新闻广播,组织了文化读书节英语专场等活动,开展了英语电影赏析、英语专题讲座、E-Drama 英语课本剧表演、E-Talk 英语演讲比赛及 Big Debaters 英语辩论赛等活动,每学期开设英语沙龙等英语特色社团。多样化的课程为学生提供了充分的选择,不仅关切了社会的需要,也适应了学生的发展,保证学生得到了选择的主动权,促进了他们人生策划和独立发展的关键能力,为其健康全面发展指明了方向。

表 6-1 《Western Movies Analysis》选修课程标准

Western Movies Analysis	
教学任务	课程选取历史价值高、思想文化深刻、易于被学生接受的影视作品,着眼于英语经典影视作品的"评价""鉴赏""批判"等。通过适当介绍电影类别、拍摄手法和各大著名电影节等使学生学会如何写影评。通过识别不同类型的电影,可以促进学生独立审美能力和人文素质的提高。

学习目标	英语电影评价课程集英语视听说学习、英语国家地理文化历史学习于一身,拓展了英语学习的边界和思路,在促进英语学习的同时,有助于文化素质品位的提高。
教学目标	通过本课程的学习,学生可以了解国际电影节和奖项;了解西方历史文化(主要是母语为英语的国家文化),学习经典台词并促进口语学习;使学生学会用一般方法欣赏电影作品,具备一定的评判能力,通过书面或口语的形式进行分析和评论;学生可以了解最重要的英语影视节目类型,了解影视节目的语言和方法;了解电影在英语国家对于公众认知和流行文化发展的作用。
教学难点	学生对于电影中所涉及的英美文化的理解以及学生本身英语水平差异造成的教学效果的影响。
教学方式	课前收集电影的相关内容;通过对于经典片段的观看和理解,思考电影或人物身上有哪些值得学习之处;了解电影配乐和主题曲等。
教学内容	多模态对于英语经典影视作品的批评与赏析。
教学资源	教学资源以多媒体为主,影片多选自奥斯卡获奖影片及豆瓣高分电影,主要内容分为以下几个部分:电影介绍(背景、标志、评论等);经典对白的解读;经典歌曲赏析;电影主题理解,影片人物性格分析。
评价形式	该课程强调参与性和实践性,注重情景教学,整合多种场景,让学生因地制宜灵活发挥,大大提高形成性评价的占比,使学生的评价更加客观。具体如下: 课堂参与 30 分 课前准备 10 分 课后作业 20 分 期末考核 40 分

3. 完善评价,丰富手段

高中英语课程评价体系应突出开放、多元、创新的原则。北虹高级中学在多年的教学实践中不断探索创新,动态确定形成性、终结性两种评价方式的配比,根据不同的课程特点和课时量,既科学地以终结性评价判断学生语言能力,也合理地进行形成性评价体现学生学习中的情感态度。教师注重融合现代化教学技术与传统教学实践经验。我校英语教研组有效利用市级在线教学平台,不但保证常规教学内容有效落实,而且抓住了学生在线学习期间的契机,开发使用网络平台、晓黑板、微信公众号、腾讯、钉钉等最新网络技术开展多形式英语教学,课堂教学效率和效益明显提升,学生融入课堂的速度明显加快。教师与学生还通过各类学习平台和网络随时在线分享学习经验,交流学习感受,反馈教学效果。同时,针对学生在线学习缺少监管和动力的问题,为了提升学生的学习自觉性和主动性,我们在学习评价的环节增加了过程性学习的评价环节,如表6-2所示。学生在学习每一个主题模块后,按照教师要求上传学习评价表。作为学习评价的一个环节,它丰富了学科评价多元化发展,从实际运用效果来看积极促进了学生的主动学习意识及对学习过程的重视,收到了较好的效果。

表6-2 英语过程性学习评价表

英语过程性学习评价量表						
主题模块:_____		班级:高___( )班		日期:202__年__月__日		
评价项目	评价内容	Mon	Tue	Mar	Thu	Fri
Pre - class	1. 预习授课内容					
	2. 课前材料准备					
While - class	3. 做好课堂笔记					
	4. 参加小组讨论					
	5. 主动举手发言					
	6. 认真听讲					
	7. 参加小组活动					
After-class	8. 复习整理学习内容					
	9. 主动提问答疑					
	10. 增加课外练习					
	11. 认真完成作业					
	12. 及时订正作业					
每档分值:1—5,1分最低,5分最高。		主题模块等第:_____ (优秀:240—300;良好:239—195; 合格:194—160)				

第二节　英语学科核心素养培育

当今科学技术发展迅猛,信息化节奏加快,因此对人的素养提出了更高的要求。学生核心素养得以发展,学校课程改革得以明确方向,即培养满足终身发展和社会需求的素质和能力。要形成素养必须理清不同因素相互作用促使素养的提高这个问题。从教育的角度看,核心素养构成了人的素养发展最突出的部分,指出了学校教育教学的着力点,是学习过程中学生所形成的正确价值观与核心品格。语言能力、文化意识、思维品质和学习能力是英语学科核心素养主要构成要素。

一、关于学科核心素养

不断提高人的素质是时代发展进步所带来的必然需要。然而关于学科核心素养的认识,无论是老师还是家长的理解大多是停留在学生的学习成绩上,认为学生的好成绩就是素养高的体现,这种片面的思维导致人们不能正确认识,学习的最终目的应该是用所学知识充实自我,实现更美好的生活。按照新课标的要求,基础知识的发展和道德品质的培养是英语课程的基本要求,此外学习能力、宽广视野和沟通能力的提升也是新的要求。因此,必须首先明晰学科核心素养的重要意义,这对社会、学校、家庭更新学业成绩观念、提升素质教育理念,进一步促进学生的全面健康发展,推动教学改革落地落实都有着重要的作用。

二、如何理解英语学科核心素养

构成英语学科核心素养的四要素分别是语言能力、文化意识、思维品质和学习能力。

英语学科核心素养的基础在于语言能力,在社会情景中通过语言辅助加强理解和表现能力。语言能力包括了解语言意义、语言思维等之间的关系,了解运用语言知识的能力,以及理解各种科目和体裁的口头和书面文本的能力;它还包括运用口头和书面语言进行交流和构建人际关系的能力。

新时代的公民应当具备一定的国际理解和跨文化交流能力。英语核心素养在强调语言能力和思维品质保持原有风格的同时,还提出了文化意识这一突破性概念。文化意识不仅是指对文化现象和文化价值的理解,更是指在话语中评价和解释文化传统和文化现象,比较和总结其文化内涵,建立自身文化态度和文化鉴赏的能力。

核心素养之一的思维品质指思维活动中个体之间体现出的智力特性差异,这一点与英语语言学习紧密相关。它是衡量人的思维发展能力的一大重要标准。英语与学生母语汉语有着迥然不同的思维方式,在英语学习中涉及的各种转换、关联、互动过程,给了学生跨越文化差异和地域间隔的思维空间,帮助他们开阔眼界,有利于他们形成语言文化意识和跨文化交际头脑。学生的一般思维能力和思维习惯也在主动使用英语表达交流的同时得以发展。

掌握英语学习要领,要采用有效的学习策略。学习能力普遍意义上包括熟练运用学习策略、认知策略和情感策略,在这个过程中,高中学生通过循序渐进的引导训练逐渐形成自主学习、终身学习的能力,并且有一定的自我监督控制的要求。学生在形成了英语学习能力之后,往往可以转化为通用型学习能力,并迁移到其他学科中去,促进各学科良性正向影响。因此教师在教学中不但要高度重视培养学生探究学习、合作学习和终身学习的能力,而且要着力于提升学生使用有效学习策略的能力,增强学生学习的主体意识和进取意识,不断拓展充实学习能力,将学习能力的提升贯穿于其学习英语的全过程。

三、 培育英语学科核心素养的途径

关于核心素养的培养,王蔷指出"英语学习是学生主动建构意义的过程,学生在理解与表达的语言实践活动中,通过感知、预测、获取、分析、概括、比较、评价、创新等思维活动,建构结构化知识,在分析问题和解决问题的过程中,发展思维品质,形成文化理解,学会学习,塑造正确的人生观和价值观,促进英语学科素养的形成与发展"。①

① 王蔷. 从综合语言运用能力到英语学科核心素养——高中英语课程改革的新挑战[J]. 英语教师,2015(16):6—7.

要将改革理念落实在教师的教学中,离不开在学科教学中处处体现核心素养培育。英语学科核心素养与长期以来以知识点机械记忆为主要教学目的的教学理念以及将学科教学工具化、物质化等观念是冲突的,这要求教师在注重基础知识难度和内容的同时,要坚决摒弃以考试为纲的落后的教学方式。教师要充分意识到英语学科蕴含的教育价值以及形成英语学科核心素养的培育途径,这样才能把握学科教学的改革方向,全面发挥本学科应有的育人功能和价值。如何将核心素养的内容融入英语学科教学中,主要可以从课程和教师两个方面进行探讨。笔者以上海市北虹高级中学相关案例详述该校从课堂教学、教师素养提升等方面对培养学生的核心素养进行的探索研究。

1. 课堂教学活动的侧重

上海市北虹高级中学坐落在北外滩地区,是虹口区重点高中,区实验性示范性高中。该校是上海市历史最长的学校之一,文化底蕴深厚,艺术传统悠久,其前身圣芳济学院是由法国神父帕修欧在 1874 年创办的一所天主教教会学校。其作为虹口区唯一参加过上海两轮课程改革试点的基地学校,具有厚实的课程教学改革实验基础。学校历来重视英语学科教学,积极参加课改教改,走在课程教学改革和教材实验的前沿,并开设大量的英语选修课为学生提供了学习地道英语的立体平台,透过语言提升他们的人文素养,拓展国际视野。学校自始至终坚持课堂教学质量的提升,将课堂定位于教师教学发展和培养学生核心素养的核心空间。教研组教师精心创造教学情景培养学生的语言综合能力,引导学生在真实语境下利用原有的认知结构去同化新学到的知识。组内教师充分利用信息化社会发展的契机,立足教材、突破教材,引导学生更多更广地了解英语语言和英语国家的各类信息,在课堂教学中创设交际平台和机会,从而促进学生文化意识的培养。学习能力的培养亦可以使学生对英语学习有正确的认识,保持持续的学习兴趣,树立积极的学习动机,明晰具体的学习方向,形成语言实践的意识。教授一系列学科课程可以促进学生英语知识和技能的牢固掌握,进一步提高语言技能。

每一位北虹的英语教师,无论资历深浅,都在这种良好的研究氛围和教学实践中掌握了一定的教学方法,形成了一定的教学风格,在吃透教材精髓的同时加入自己擅长的补充资料拓展课程教学模块的内容和深度。同时教研组统一思想和认识,把重基础、促思维、显重点、创情境作为所有教师的备课准则,充分挖掘教材中丰富的资源,根据教材中主题语境、话题讨论、阅读文本等教学内容,通过敏锐的目光发现显性和隐性的育人价值,在知识的教授过程中落实核心素养培育目标。英语教师要具备善于挖掘教材中思想精髓的能力,具备引领学生体味语言背后深刻内涵的能力,从而培养其跨文化意识和国际视野,组织学生开展多种形式的文化体验活动(见表6-3)。

表6-3 英语文化体验课程图谱

课程板块	课程系列	课程名称	课程类型	课时总数	开设年级
艺术基础课程	文化理解系列	A Glimpse of Classic Movies 名著掠影	专修	18	高一
		Advertising appreciation 经典广告赏析	专修	6	高一
		Inspiration from Oscar 奥斯卡盛宴	专修	18	高一
		Appreciation of Poetry 夜莺之鸣	专修	18	高一
		A Grant Theater of Western Dramas 戏剧大观园	专修	18	高一
		Intercultural Communication 跨文化交际	专修	18	高一
		Trending News of the Week 每周新闻间	专修	18	高一
艺术·生活	听觉艺术系列	Animation film dubbing 英语动画电影配音	专修	24	高二
		Voice Of Beihong 北虹之声	专修	24	高二
	表演艺术系列	The Chamber of Movies 观影密室	专修	12	高二
		English Acting Drama 戏剧表演专修	专修	18	高二
		the Presentation Secrets 言之有物	精修	6	高二
		Appreciation of Shakespeare's Plays 戏梦——莎翁	精修	16	高二

在教学活动的组织过程中,教师应通过创设真实语境、开展合作学习、注重课堂互

动等,使语言学习更有实际意义,促进学生对于学习的热情及相互合作的意识,促进师生间情感的交流。教师要善于捕捉恰当契机,把落实核心素养培育延伸到整个语言学习的过程中,鼓励学生敢于尝试,乐于实践,提升思想高度。教师还要意识到科学的评价所起到的重要作用,好的评价会引导学生把注意力集中于英语学习的过程而非结果,在学习中有所获得而非感到痛苦,在学习过程中提高自觉性而非被强迫。因此教师要智慧地运用过程性、记录性、真实性的评价方法,减少终结性评价占比,从而促进学生英语学科综合素养的提高。

2. 教师综合素养的提升

教师教学观念的转变对于学生学科核心素养的培育是一大关键因素。英语教师应建立更为全面的课程观和语言观,更加充分地意识到英语课程目标不是提高学生的学科成绩和语言能力就够了,而是要促进学生整体素养的提高。教师要坚决抛弃唯成绩论、唯语言知识论、唯升学率论等陈旧的教学理念,把设计教学活动的根本目的统一到提高学生的学习能力、思维品质和文化意识这个更高的维度上来。有些教师在教育中只重视学生的成绩,对培养学生的学习能力不感兴趣,教育的时候常常让学生掌握考试技术。这是因为教师没有明确学科教育的本质,实质上是通过人的品格素养来判定他的知识量。英语教师应懂得英语教育所具有的工具性和人文性,从意识上了解英语学科的重要性,进而促进个人的全面发展。因此我校英语教研组每学期都会制定、实施切实可行的专业培训,让组内教师了解语言学科本身所包含的育人价值,随同价值取向的传递,使学生产生积极向上、健康持续的学习情感态度,树立正确的价值观念(见表6-4)。

表6-4　学期研修安排表

英语教研组教师学期研修安排表		
课程	课程内容及目标	学时
信息技术应用能力标准解读	阐释《中小学教师信息技术应用标准》中各项与教师实际运用紧密相关的技术标准,从语境、含义等方面引用案例促进教师根据自己的实际情况了解和确定研究方向,提升自身在教育教学方面的能力。	1学时

课程	课程内容及目标	学时
《English Reading Strategies》研讨	结合线上视频学习和线下听课研讨学习,充实教学理论与实际课例的范本。专题研讨回归课堂教学,在实际教学活动中展现理论学习成果。	2 学时
《Effective Teaching Methods》研讨	通过词汇、语法、阅读、写作等专题教研活动进一步促进教师积极主动参与,将教学研讨活动转化为理论研究实践,并积累宝贵的教研素材。	2 学时
教学小论坛	每个年级备课组以专题论坛的形式,深刻研讨学期教学重点以及市区教学新方向新思路,兼具学期小结功能。	4 学时
网络信息技术教学应用	针对疫情特殊背景下开发在线教学设计、网络信息技术应用、在线考试评价方式等,提升教师掌握前沿信息技术的能力和适应新形势的在线教学模式。	2 学时

实现培育核心素养目标的一大瓶颈在于教师自身的学术背景、文化基础、思维能力、对跨界知识吸收接纳等都有很大的差异。教师应通过不断地学习进修来更新教学理念,形成适应时代要求的新的教育哲学。学校与本区的师训工作应当不断更新培训的内容,提高核心素养相关内容介绍的深度和广度,细化培训的内容,细化教学建议和指导,使教师在实践中有依据有章法,通过实际教学案例强化教师对于培养核心素养的业务能力。教师也应不断学习新的学科知识,更新自身知识体系,拓展知识范畴,通过接触不同文化开拓眼界,提升思维能力,加强跨学科知识的借鉴学习。当教师综合素养提升了,学生的学习能力和思维品质的发展就有了一块坚定的基石,核心素养的培育才会成为可能。

第三节　英语学科课程框架和课程图谱

《普通高中英语课程标准(2017 年版)》中提出的总目标强调培养"具有中国情怀、国际视野和跨文化沟通能力的社会主义建设者和接班人"。实现这一目标需要课程内容作为保障,还需要有与之匹配的课程结构作为纽带。课程内容、课程结构和教学方式是一个有机连接、相互影响的整体。新课标的三类课程采用了分层分类的方式,系统、完整且多元地体现了英语课程的新特点,为学校、教师层面更好地理解、接纳、设计适合学校特点和学生需要的课程奠定了重要的结构基础。

一、普通高中英语课程结构

《普通高中英语课程标准(2017 年版)》不但优化了原有课程的结构,在保留学习科目的同时增加了语种,并且把课程的类别优化为必修课程、选择性必修课程和选修课程(见表 6-5)。在确保有一个共同基础的前提下,提供不同发展方向的学生可选择的课程,且各类课程功能定位清晰,并与高考改革紧密联系:必修课程、选择性必修课程以及选修课程分别对应全体学生和部分学生,各自按照学生的全面发展需要和个性化发展需要而设定,充分保证学生发展的全面性、科学性和选择性。[①]之前较为模糊的各类课程学分占比在新课标中进行了明晰,在学分总数保持稳定不变的同时对学分分组进行了优化,既保证了高中英语课程的稳定基础的特性,又突出了新课标带来的选择灵动。

表6-5　普通高中英语课程结构示意图

高中英语课程结构								
要求 ＼ 类别	必修	选择性必修	选修					
提高			英语10 英语9 英语8	提高类	基础类	实用类	拓展类	第二外国语类
高考		英语7 英语6 英语5 英语4						

---

① 李正栓. 对《普通高中英语课程标准(2017 年版)》的解读[J]. 河北师范大学学报(教育科学版),2004(04):106—112.

续表

高中英语课程结构					
类别 要求	必修	选择性必修	选修		
毕业	英语 3				
	英语 2				
	英语 1				

设置选修课程打破了选课与升学考试之间的直接联系,学生不再受到功利思想的左右,最大程度扩展了学生选课动机,多元广泛的选择与自身兴趣充分联系,扫除了以往唯考试论的功利性选课,真正做到了站在学生的角度。新课标中高中英语课程的设计一定程度上减轻了高考这根指挥棒的魔力,充分考虑学生的兴趣爱好和特长,在保证共同基础的前提下,增强课程的选择性。新课标中选修课程的具体设置如表6-6。

表6-6 选修系列课程设置表

选修课程		课程名称	选修要求
灵动 共生 英语 课程 设置	基础类	Basic to Basic	为完成必修课程有困难或者有就业和升学需求,需要提高英语基础知识和基本技能的学生开设,供高一高二学生选修。
	实用类	World Travelers English Interview Guide Future Interpreter 畅游科技	为有兴趣和就业需求的学生开设,供高三学生选修。
	拓展类	English Drama Club Crazy Ads Fun Dubbing Poetry Party 我是演员 True Detective 英语创意写作 Inspiration from Osear	为有意愿拓展英语学习兴趣、发展潜能和特长的学生开设,供高一高二学生选修。
	提高类	英语口译 TED Club 英美文学欣赏与实践	为学有余力的或立志报考外语类院校、具有特殊发展需求的学生开设,供高一至高三学生选修。

目的,形成合作学习能力,养成自主学习习惯,掌握高效学习策略以及提升综合语言能力。高中英语课程的具体目标是培养和发展学生接受高中英语教育后具备相应的语言能力、文化意识、思维品质、学习能力。为了实现《高中英语课程标准(2017 年版)》所确立的四大核心素质的发展目标,它对促进学生综合语用能力的形成和发展具有同等重要的作用。语言技能、语言知识、情感态度、学习策略和文化意识是培育学生综合语言能力发展的根本基石。

2. 情感态度

所有英语教师必须重视培养学生正确向上的情感态度。高中学生处在身心发展的敏感期和关键期,学习效果很大程度上受到情感态度的影响,因此是否拥有积极的情感态度会决定学生是否能更好地投入英语学习中。教师在教学中既要教授基本语言知识,又要提升学生学习兴趣及学习动机。通过创新教学模式和和谐师生关系使得学生们在一种愉悦的课堂环境中学习知识,有利于其学科核心素养的培养。

3. 学习策略

学习策略是学生为了有效地学习和发展而采取的计划、实施、反思、评价和调整等各种行动和步骤。学生根据自身学习情况和努力方向来运用一定的学习策略可以令预期的学习效果更容易达成。学习策略没有统一的标准,教师教学的一部分就是要促使学生形成自身的学习策略,而学生应紧跟教学进度,把握重难点内容,主动与其他师生进行交流,培养英语思维,了解中外文化差异,拓展国际视野。

4. 文化意识

语言学习离开文化是不行的。学生的语言、理解、交际等方面能力的发展离不开文化意识的培育。学生应广泛了解英语国家的地理特点、文化历史和风俗习惯等,并能用英语简要介绍中国的风俗传统和典型节日等。学生应扩大对文化背景和内容的了解,学会比较中外文化,加深对中国文化的理解。英语语言兼具功能性和文化性的特征,教师在强调功能属性的同时也要大力培养学生英语语言文化意识,践行这一理念与课标及高考改革的方向一脉相承。

(二)学科课程年级目标

根据高中阶段英语课程的总体目标要求,我校 Dynamic English 课程分别对应高中阶段各年级每学期的课程目标,提出了学生在学习策略、语言知识、语言技能、情感态度、文化意识等五个方面所需完成的目标(见表6-7)。

表6-7　高中英语学科课程年级目标

目标年级	综合语言运用能力					
	年段	语言知识	语言技能	文化意识	学习策略	情感态度
高一	第一学期	借助词典等各种资源,理解语篇中关键词的词义和功能以及所传递的意图和态度等。在义务教育阶段学习1500—1600个单词的基础上,学会使用500个左右的新单词和一定数量的短语,累计掌握2000—2100个单词。	从语篇中提取主要信息和观点,理解语篇要义;理解语篇中显性或隐性的逻辑关系。根据交际需要发起对话并维持交谈;清楚地简述事件的过程。	了解英美等国家的主要习俗;对比中国的主要习俗,尊重和包容文化的多样性。	根据学习内容和学习重点,计划和安排预习和复习;经常对所学内容进行整理和归纳。	对英语学习保持主动积极的态度,增强学习的自信;有学习的兴趣,主动参与学习实践活动。
	第二学期	意识到语言使用中的语法知识是"形式—意义—使用"的统一体,学习语法的最终目的是在语境中有效地运用语法知识来理解。	通过重复、举例和解释等方式澄清意思;运用语篇衔接手段,提高表达的连贯性。把握语篇的结构以及语言特征,在听、读、看的过程中有选择地记录所需信息。			
高二	第一学期	了解词汇的词根、词缀,掌握词性变化规律,并用于理解和表达有关主题的信息和观点。学习使用1000—1100个左右的新单词和一定数量的短语,累计掌握3000—3200个单词。	辨认关键字词和概念,以迅速查找目标信息;根据语篇标题,预测语篇的主题和内容。在书面表达中借助标题、图标、图像、表格、版式等传递信息、表达意义。	通过比较、分析、思考,区分和鉴别语篇包含或反映的社会文化现象,并作出正确的价值判断。	选择适合的参考书和词典等工具辅助英语学习;通过图书馆、计算机网络等资源获得更广泛的英语信息,扩充学习资源。	有合作的意识,愿意与他人分享学习资源。能对学习中出现的问题分析原因,自我调整,有坚持学习的毅力。

目标年级	年段	综合语言运用能力				
		语言知识	语言技能	文化意识	学习策略	情感态度
	第二学期	运用所学的语法知识,理解所学语篇的基本意义和深层意义,恰当地描述真实世界和想象世界中的人和物、情景和事件,表达观点、意图和情感态度,进行人际交流。	根据表达目的选择适当的语篇类型。阐释和评价口语和书面语篇反映的情感、态度和价值观;理解电影、电视、画报、歌曲、报纸、杂志等媒介语篇中的文字、声音、画面和图像是如何共同建构意义的。			
高三	第一学期	在语境中,根据不同主题,运用词汇命名相关事物,进行指称,描述行为、过程和特征,说明概念等。学习使用1 000个左右新单词和一定数量的短语,累计掌握 4 000—4 200个单词。	理解多模态语篇(如电影、电视、海报、歌曲、漫画)中的画面、图像、声音、符号、色彩等非文字资源传达的意义;使用特殊词汇、语法进行创造性的表达。	使用英语简述中华文化基本知识,包括中华传统节日、中华优秀文化的表现形式及其内涵,主动传播和弘扬中华优秀传统文化。	理性并自觉地总结适合自己的学习方法,优化学习策略;根据学习目的和需要以及存在的问题,规划、实施、反思和调整学习方式,提高学习效率。	有持久的学习英语的动力,能坚持不懈地创造把握机会练习与运用英语。有自主学习和合作学习的能力。主动开展课外学习。
	第二学期	熟练地运用所学的语法知识,准确地理解语篇的基本意义和深层意义,有效地描述真实世界和想象世界中的人和物、情景和事件,表达观点、意图和情感态度,进行流畅的人际交流。	使用图像、声音、图表等非文字资源创造性地表达意义。使用衔接手段有效提高语篇的连贯性。批判性地审视语篇涉及的文化现象;识别话语中加强或减弱语气和态度的词语。			

三、英语学科课程图谱

　　课程系统是学校为了达成育人目标而进行的课程建构,包括了所有学生在校学习的活动。单纯用文字来描述学校的课程难以系统化和可视化,在学校课程建设中引入课程图谱这个工具,能实现课程从分散无序到有序整合,可以有效促进系统地实施课程设置,确保科学、规范、有效地确立课程架构,通过这一载体可以显著提升学校课程建设的质量。

(一) 高中英语课程体系的构成原则

1. 基于学段学情设计的原则

　　学生在接受相应学段学习培育的同时,也要同步发展必备品格和关键能力来匹配个人发展和社会需要。稳定、开放、发展是核心素养的特性,这对学生的持续健康发展起到了关键作用。不同学段的学生对于学习的适应性能力不同,高考生和高一高二学生的学习节奏和心理状态以及学业发展、职业规划的视角也不同,因此,高中课程应根据学生的实际情况,赋予学生充分的选择权和选择面,以满足个人及个性发展需求。学生在课程学习的过程中习得综合语言能力,用积极态度掌握各种学习方面的有效策略和跨文化交际技能的使用,满足升学、爱好和终身发展的需要。

2. 基于培育学科核心素养目标的原则

　　英语学科课程体系的建立以及课程的设计实施都应将培育学科核心素养作为其首要目的。为了落实这一目标,学校的课程建设不仅应按照课程标准开设好基础型课程,而且要设置探究拓展型课程为学生个性化差异化发展提供足够的选择。为了促使学生深化文化理解并培养思维品质,尽早形成自身学习能力,课程所开设的内容应把学习知识和发展技能渗透在学习语境之中,摒弃目前普遍脱离语境的关于语言知识本身的单纯学习。课程设计要把育人目标融入课程内容和教学过程,始终抓住学科核心素养培育这根主线,结合现代化信息化教学手段,充实丰富教学资源,变革教学方式方法,打破原有课程瓶颈,拓宽英语学习的时间和空间,以满足学生个性化的学习需要,从而促进学校英语课程建设的完善和系统化,让学科核心素养的培育得以落实。

(二) 英语学科课程图谱

多样分层、综合实践是高中英语课程设置的重要原则。通过优化课程设置,学生不仅能积累语言知识、训练语言技能,还会形成良好的沟通交际能力,为继续学习英语,使用英语,形成跨学科学习能力,以及各学科之间的正向积极影响打下坚实的基础。

1. 课程图谱构建原则

韩艳梅把构建课程图谱的要素分为基本要素、内部连接和系统目标。其中基本要素包括主题模块、课程科目、课程群等,内部连接包括课时分配、科目比例、课程类型等,系统目标包括模块目标、课程目标、育人目标等。在构建课程图谱时应结合学校实际,课程开设需要综合考虑这些因素,但是这些基本要素并非都要包括在每一个课程图谱中。

常用的课程图谱模型包括目标型课程图谱、功能型课程图谱、核心素养型课程图谱、学习领域型课程图谱、矩阵型课程图谱和立体型课程图谱等。在实践中,应依据分类原则和各自特点,直观展示课程结构,鲜明彰显课程特色。

2. 英语学科课程图谱

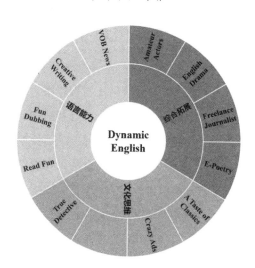

图6-3 上海市北虹高级中学英语拓展课程图谱

达成核心素养的根本目标要放在英语课程设置的突出地位,各种拓展课程的设计和实施应渗透人文精神和开拓精神。以功能型课程图谱为例,这是按照课程功能来构建课程系统的一种图谱模型。按照课程体系的内在逻辑和不同课程类型,功能型课程图谱也可以有不同的构成方式,如"国家—地方—校本"型,"分科—综合"型,"学科—活动"型,"基础—拓展—研究"型等(见图6-3)。在制定课程图谱时,应注意同类同形的原则,以免层次结构发生错误。

第四节　英语学科课程评价

　　高中英语课程评价是英语课程的重要组成部分,而科学评价体系是实现课程目标的保证,课程评价的内容主要包括课堂教学评价和课程评价,课堂教学评价是指对评价过程中出现的对象的评价活动。课程评价旨在通过教师教育和学生学习来开展评价活动,鼓励教师和学生进行目标明确的改进过程,英语课程评价的主要形式是高等学校入学考试和各类学业水平测试。课程评价对于学生的语言能力、文化意识、思维品质和学习能力进行直接考察评估,以实现高中英语课程的总目标。

一、Dynamic English 英语课程评价简介

　　近年来,生源质量下降和高考改革的重大变化给我校的英语教学带来了机遇与挑战。在我校 Dynamic English 课程建设过程中,我们始终坚持学生是英语学习活动的主体和评价活动的参与者,因此课程评价首先要体现学生的主体性。课程通过掌握学习过程以及明确学习定位来提升学生的语言运用水平。在教学中,教师应引导学生意识到自我评价的重要意义,掌握自我评价的手段,主动运用自我评价来促进自身的学习。当然,教师参与学生的课程评价也具有不可替代的作用,评价的有效性和准确性能在教师的指导下显著提升。教师的角色不仅是单一的评价者,还是帮助学生及时交流评价方法策略的指导者,教师能使学生知晓评价的意义和目的,指导学生了解评价指标和结果,帮助学生及时反思并优化学习策略。实践证明,引导学生进行相互评价能够促进他们学会欣赏、学会激励、学会促进,在完成评价任务的同时达到了共同成长的目的。

　　大多数教师在日常教学过程中普遍重视终结性评价,认为考试的分数是评价一个学生最好的办法。这种简单粗暴且落后的评价方式既造成了片面追求考试成绩的不良风气,又过于武断地忽略甚至否定了学生在整个学习活动中的投入和付出,甚至挫

伤了学生学习的积极性和主动性。我校教师充分考虑学生的实际情况,研究学生的心理动态,引入多种评价方式和评价平台,使评价做到了结果与过程的有机结合。要发挥评价的积极导向作用,就必须要把这两种评价充分结合起来,发挥各自优势。此外,评价需考虑学生的个体差异,学生的学习基础、学习习惯、成长环境、发展意愿等因素都有或多或少的差异,因此既要制定统一的评价方法,也要给学生一定的选择权,以更加全面地衡量一个学生综合素质的发展。

二、 课程评价方式的多样化

课程评价的目的是提升教学质量,促进学生发展,评价的形式应当随着课程的深入而动态变化。多种评价形式的运用对于学生实际发展状态和发展进程有着非常重要的记录、评估和激励的作用,因此教师在教学实践中要本着平等民主、积极客观的态度,凭借科学敏锐的教学意识对学生进行评价,运用经过实践检验高效的评价方式。

1. 自我评价

自我评价是评价对象依据评价原理,对照一定的评价标准,主动对自己的学习进行评价,评价内容主要包括:学习动机、学习态度、学习策略、学习行为和学习效果。[1] 学生通过自评可以有效提高学习自觉性,改变学习方法策略的使用,对自身学习进行评判,这往往带着高度的个性化特征,因此没有一个适用于所有人的统一的方式。教师应引导学生认识评价原则,掌握评价方法,选取学习的一个环节开展评价,帮助学生通过自评逐渐形成适合自身学习情况的方法。以英语写作课为例,不少高中学生对英语写作兴趣不高,往往不会花费时间在写作练习上。学生在写作中存在语法错误、词汇贫瘠、逻辑混乱、句型单调、素材匮乏、主题主旨不明确等问题,由于个体间英语学习能力存在较大差异,学生普遍反映教师课堂统一讲评作文这一方式效果不佳。于是,教师可应用自评表让学生在反复阅读自己作文的同时,发现自己写作上的问题,有针对性地帮助学生认识自身学习的不足,养成自主学习的学习习惯(见表6-8)。

---

① 刘超.谈中学英语教学中形成性评价的研究与实施[J].试题与研究:教学论坛,2014(02):52—53.

表6-8　学习自我评估表

| \multicolumn{5}{c}{Fun English Self-evaluation Form} |
档次	自评要点	得分	等第
第五档 (21—25分)	1. 完全完成了试题规定的任务。 2. 覆盖所有内容要点。 3. 应用了较多的语法结构和词汇。 4. 语法结构或词汇方面有些许错误,但为尽力使用较复杂结构或较高级词汇所致;具备较强的语言运用能力。 5. 有效地使用了语句间的连接成分,使全文结构紧凑。		
第四档 (16—20分)	1. 完全完成了试题规定的任务。 2. 虽漏掉1、2个次重点,但覆盖所有主要内容。 3. 应用的语法结构和词汇能满足任务的要求。 4. 语法结构或词汇方面应用基本准确,些许错误主要是因尝试较复杂语法结构或词汇所致。 5. 应用简单的语句间的连接成分,使全文结构紧凑。		
第三档 (11—15分)	1. 基本完成了试题规定的任务。 2. 虽漏掉一些内容,但覆盖所有主要内容。 3. 应用的语法结构和词汇能满足任务的要求。 4. 有一些语法结构或词汇方面的错误,但不影响理解。 5. 应用简单的语句间的连接成分,使全文内容连贯。 6. 整体而言,基本达到了预期的写作目的。		
第二档 (6—10分)	1. 未恰当完成试题规定的任务。 2. 漏掉或未描述清楚一些主要内容,写了一些无关内容。 3. 语法结构单调、词汇项目有限。 4. 有一些语法结构或词汇方面的错误,影响了对写作内容的理解。 5. 较少使用语句间的连接成分,内容缺少连贯性。		
第一档 (1—5分)	1. 未完成试题规定的任务。 2. 明显遗漏主要内容,写了一些无关内容,原因可能是未理解试题要求。 3. 语法结构单调、词汇项目有限。 4. 存在较多语法结构或词汇方面的错误,影响对写作内容的理解。 5. 缺乏语句间的连接成分,内容不连贯。		
不得分	未能传达给读者任何信息;内容太少,无法评判;写的内容均与所要求内容无关或所写内容无法看清。		

2. 相互评价

《普通高中英语课程标准(2017 年版)》指出：学生是评价过程的主要参与者,应学习使用适当的评价方法和可行的评价工具,积极参与评价,发现和分析学习中的具体问题。应提倡学生开展自评和互评,在相互评价中不断反思,取长补短,总结经验,调控学习,把教学评价变成主体参与、自我反思、相互激励、共同发展的过程和手段。[①] 相互评价能帮助学生对其他学生的成果与表现、价值与质量进行考虑与衡量,对其表现做出简单评估。互评能有效促进生生合作,培育互相学习的态度,创造积极和谐、友好互助的学习环境。互相评价的过程能让学生了解同伴影响以及和谐氛围在学习过程中所发挥的重要作用。

评价方法不是一成不变的,可以根据课型、内容、授课对象的变化,动态有机地使用互评、自评、师评等方法。以我校英语口语教学的英语演讲为例,学生可以通过评价量表直观高效地对自己和同伴的表现进行评价,促进学生在口语课堂中主动调整注意力水平,对教师指令、同伴话语高度关注,增强口语学习的信心,进一步明确学习目标(见表 6-9)。

表 6-9　英语演讲评价表

评 价 内 容		自评 (1—10)	互评 (1—10)
Content	1. Whether the main argument is made clear?		
	2. Whether the argument is supported with examples?		
	3. Whether the content is made clear?		
Language	1. Whether the speech is made in a fluent and accurate?		
	2. Whether the speaker's pronunciation and intonation is proper?		
Organization	1. Whether the speech flows logically?		
	2. Whether the supporting evidence is logically structured?		
		总分:	

---

① 中华人民共和国教育部. 普通高中英语课程标准(2017 年版)[S]. 北京：人民教育出版社,2018：65.

3. 教师评价

教师常用的评价形式包括观察法、座谈法、测验法、问卷法等。通过记录学生在学习过程中的表现来判断学生的能力态度、方法策略、参与合作等。在评价过程中，教师要意识到学生在发展水平上具有不平衡性，评价时不应只关注横向比较学生间差异，更要重视学生个体的进步幅度和发展状态。教师的评价不仅限于考试测验，而是贯穿在整个教学环节，课堂讨论、作业点评等都是很好的评价机会。高中英语教学评价手段包括任务型课堂讨论（见表6－10）、描述性阶段评语、小组活动、主题报告等。

表6-10　英语听说课课堂评价表

Group presentation		
	Is it related to the topic?	
Content	Do you know the content better with the help of context?	☐ Products ☐ Services ☐ Business leaders ☐ Features ☐ Milestones ☐ Development ☐ Futures
Language	1. Is the introduction coherent?	☐ Yes　☐ No
	2. Is the introduction easy to understand?	☐ Yes　☐ No
	3. Does he/she introduce it in a fluent way?	☐ Yes　☐ No
	4. Does he/she use language in a proper and diverse way?	☐ Yes　☐ No
Performance	Interaction	☐ 5　☐ 4　☐ 3　☐ 2　☐1
	Body language	☐ 5　☐ 4　☐ 3　☐ 2　☐1
	Loudness	☐ 5　☐ 4　☐ 3　☐ 2　☐1
	Visual effects	☐ 5　☐ 4　☐ 3　☐ 2　☐1
	PPT	☐ 5　☐ 4　☐ 3　☐ 2　☐1

三、 英语教学评价的主要特征

教学评价通常倾向于学生知识语言技能与综合语言运用能力等方面,而新课标提出评价也要重视学生在学习过程中情感态度的积极参与和正确价值观的形成。因此评价方法不应限于传统的书面考试,而要研发拓展对学生听力口语等语言技能的评价方案,进一步激发促进学生的学,激励指引教师的教。教师评价、学生自评和生生互评是构成评价的主要形式,终结性评价、过程性评价等不同的评价模式应当积极有效地运用在英语教学的各个环节中。教师要特别注重培训评价活动的创新设计,动态调整各类评价模式占比,发挥教学评价的重要作用。

形成性评价活动与方式要以学生的学习体验、真实生活与教师的教学方法和教学实践相匹配;应该努力创造富有价值和意义的评价活动,引导学生学以致用解决实际生活中的问题。教师可以参考一些形成性评价的案例,包括听说能力评价、阅读写作能力评价、拓展学习项目活动的评价、学习档案袋活动的评价、日常口语交际能力的评价。教师要灵活运用不同的评价方式,适应不同的教学目的,并以此为依据形成科学可行的课程评价标准。

后记

为贯彻落实《第四期"上海市普教系统名校长名师培养工程"实施意见》的要求,培养一支师德高尚、品格优良的高素质校长、教师队伍,促进"面厚点亮"的区域优秀校长、教师梯队的形成,虹口教育局与区"五层级干部梯队""七层级人才梯队"建设相结合,遴选了 68 个"种子基地",开展为期三年的项目研究。

上海市澄衷高级中学潘红星校长所领衔的"种子基地",8 位学员来自本区 7 所学校,涉及初中、高中两个学段和市重点、区重点、公办初中(含强校工程实验学校)三类学校,学员学科涉及历史、生物、化学、英语、语文等 5 门不同学科,学员在校内担任的管理岗位分别有副书记、副校长、德育主任、科研室副主任、文科支部书记和年级组长等。如何在这些不同背后找到共同的关注点,以此来促进学员和导师、学员校和基地校的共同进步?"潘红星校长种子基地"从一开始就聚焦"基于核心素养培育的课程图谱建构与实施研究"项目,组成学习、研究和实践共同体。其间,我们邀请了纪明泽、韩艳梅、刘爱国、杨龙等一批知名普教专家和特级校长给学员作讲座;学员之间结成互助共同体,通过读书修习等方式,不断地积累"核心素养""课程图谱"等相关领域的理论知识;每个学员更以项目任务为驱动,根据自己的学科背景、管理岗位和学校特点,自行选择研究的视角,立项区级课题,因人而异、因校而异,围绕学生核心素养培育,通过编制各校、各学段、教育教学不同方面的课程图谱,开展实践研究,以岗位实践促进学校课程发展。

本书是集体智慧的结晶。具体分工如下:前言由上海市澄衷高级中学潘红星撰写;第一章由上海市澄衷高级中学潘红星、瞿晨颖撰写;第二章由上海财经大学附属北郊高级中学马丹撰写;第三章由上海外国语大学附属外国语中学林镇国、沈耘、李启翔、陆梅撰写;第四章由上海市继光初级中学明洁撰写;第五章由上海市第五十二中学陆捷骊撰写;第六章由上海市北虹高级中学徐斌撰写。

在本书的撰写过程中,我们得到了虹口教育局、虹口教育学院领导的大力支持和鼓励,特别要感谢上海市特级校长、正高级教师、新中高级中学刘爱国先生为我们专门撰写了书序;感谢上海市教育科学研究院杨四耕老师、复旦大学管理学院孙金云副教授、虹口教育学院科研室张智霞老师、原南湖一分校陆启光校长在项目立项、开题以及本书撰写和统稿过程中给予的倾力指导。在本书付梓之际,谨向长期支持我们工作、给予我们帮助的学员所在学校领导致以最诚挚的谢意。由于我们的理论水平和时间有限,对基于核心素养培育的课程图谱的建构与实施,无论在理论上还是在实践上均有许多疏漏和不足之处,真诚欢迎各位专家、读者批评指正,以便帮助我们更加准确地理解和把握基于核心素养培育的课程图谱建构与实施的核心。

本书得到了华东师范大学出版社专家的充分肯定,同时他们也为我们提出了许多建设性的意见和建议。我们对此进行了认真的修改和补充,从而使全书的内容更加契合中学教师和管理人员的阅读视角和工作需要。

面向未来,学校管理者如何在教育教学改革的新形势下,抓住机遇,努力探索基于学生核心素养培育的课程图谱,尚任重道远。本书只是我们项目组朝此方向努力的一个起点,希望它能够成为激发我们在探索基于学生核心素养培育的课程图谱建构与实施道路上进一步前行的动力源泉。

上海市澄衷高级中学校长　潘红星

2021 年 5 月

学校整体课程规划的七个关键	978 - 7 - 5760 - 0424 - 3	62.00	2021 年 3 月
课堂教学的 30 个微技术	978 - 7 - 5760 - 1043 - 5	52.00	2020 年 12 月
教学诠释学	978 - 7 - 5760 - 0394 - 9	42.00	2020 年 9 月
原点教学:提升区域育人质量的策略研究			
	978 - 7 - 5760 - 0212 - 6	56.00	2020 年 8 月

学校课程发展精品丛书

学科课程群与全经验学习	978 - 7 - 5760 - 0583 - 7	48.00	2021 年 1 月
育人目标与课程逻辑	978 - 7 - 5760 - 0640 - 7	52.00	2021 年 2 月
学科课程与深度学习	978 - 7 - 5760 - 0505 - 9	52.00	2021 年 2 月
学校课程的文化表情:百花园课程的学科指向与深度实施			
	978 - 7 - 5760 - 0677 - 3	38.00	2021 年 2 月
学校文化与课程变革	978 - 7 - 5760 - 0544 - 8	62.00	2021 年 2 月
语文天生重要:语文学科课程群设计	978 - 7 - 5760 - 0655 - 1	44.00	2021 年 2 月
五育并举的课程体系:致良知课程的旨趣与探索			
	978 - 7 - 5760 - 0692 - 6	48.00	2021 年 1 月
学科课程与育人质量	978 - 7 - 5760 - 0654 - 4	48.00	2021 年 1 月
在地文化与课程图谱	978 - 7 - 5760 - 0718 - 3	46.00	2021 年 2 月
中观课程设计与学科课程发展	978 - 7 - 5760 - 0624 - 7	36.00	2021 年 1 月
大教学:英语学科核心素养培育的课程模式			
	978 - 7 - 5760 - 0462 - 5	46.00	2021 年 1 月

特色学校聚焦丛书

不一样的生命,一样的精彩	978 - 7 - 5675 - 8675 - 8	34.00	2019 年 3 月
童味正醇:特色学校的文化图谱	978 - 7 - 5675 - 8944 - 5	39.00	2019 年 8 月
特色普通高中课程建设探索	978 - 7 - 5675 - 9574 - 3	34.00	2019 年 10 月

儿童是天生的探索者：360°科学启蒙教育

                                  978 - 7 - 5675 - 9273 - 5   36.00   2020 年 2 月

做精神灿烂的教师：教师自我成长的 5 个密码

                                  978 - 7 - 5760 - 0367 - 3   34.00   2020 年 7 月

书名	ISBN	定价	出版时间
让教育温暖而芬芳	978 - 7 - 5760 - 0537 - 0	36.00	2020 年 9 月
快乐教育与内涵生长	978 - 7 - 5760 - 0517 - 2	46.00	2020 年 12 月
故事教育与儿童发展	978 - 7 - 5760 - 0671 - 1	39.00	2021 年 1 月
美好教育：学校内涵发展的循证研究	978 - 7 - 5760 - 0866 - 1	34.00	2021 年 3 月
把美好种进儿童心田	978 - 7 - 5760 - 0535 - 6	36.00	2021 年 3 月

倾听生命的天籁："天籁教育"的实践与探索

                                  978 - 7 - 5760 - 1433 - 4   38.00   2021 年 9 月

为了每一个孩子的美好心愿	978 - 7 - 5760 - 1734 - 2	50.00	2021 年 9 月

向着优秀生长："模范教育"的理念与实践

                                  978 - 7 - 5760 - 1827 - 1   36.00   2021 年 11 月

跨学科课程丛书

大情境课程：主题设计与创意评价	978 - 7 - 5760 - 0210 - 2	44.00	2020 年 5 月
社会参与素养的培育模型与干预机制	978 - 7 - 5760 - 0211 - 9	36.00	2020 年 5 月

大概念课程：幼儿园特色主题活动设计

                                  978 - 7 - 5760 - 0656 - 8   52.00   2020 年 8 月

项目学习：进入学科的课程智慧	978 - 7 - 5760 - 0578 - 3	38.00	2021 年 4 月
STEAM 课程的设计与实施	978 - 7 - 5760 - 1747 - 2	52.00	2021 年 10 月
幼儿个性化运动课程	978 - 7 - 5760 - 1825 - 7	56.00	2021 年 11 月

核心素养导向的课堂教学丛书

漾着诗性智慧的课堂教学	978 - 7 - 5675 - 9308 - 4	39.00	2019 年 7 月

转识成智的课堂教学：核心素养导向的历史教学

                                  978 - 7 - 5760 - 0164 - 8   40.00   2020 年 5 月

学导式教学：学会学习的教学范式	978 - 7 - 5760 - 0278 - 2	42.00	2020 年 7 月

高阶思维教学的关键技术	978 - 7 - 5760 - 0526 - 4	42.00	2021 年 1 月
会呼吸的语文课：有氧语文的旨趣与实践			
	978 - 7 - 5760 - 1312 - 2	42.00	2021 年 5 月
高阶思维教学的核心指向	978 - 7 - 5760 - 1518 - 8	38.00	2021 年 7 月
磁性课堂:劳动技术课就这样上	978 - 7 - 5760 - 1528 - 7	42.00	2021 年 7 月
核心素养导向的作业设计	978 - 7 - 5760 - 1609 - 3	40.00	2021 年 8 月
语文,让精神更明亮	978 - 7 - 5760 - 1510 - 2	42.00	2021 年 9 月
"六会"教学法：基于核心素养的课堂教学			
	978 - 7 - 5760 - 1522 - 5	42.00	2021 年 9 月

特色课程建设丛书

教师,生长的课程	978 - 7 - 5760 - 0609 - 4	34.00	2020 年 12 月
学校课程发展的实践范式	978 - 7 - 5760 - 0717 - 6	46.00	2020 年 12 月
丰富学习经历：如歌式课程的愿景与深度			
	978 - 7 - 5760 - 0785 - 5	42.00	2020 年 12 月
学科课程群设计方法	978 - 7 - 5760 - 0579 - 0	44.00	2021 年 3 月
学校美育课程的立体建构：菁华园课程的逻辑与框架			
	978 - 7 - 5760 - 0610 - 0	36.00	2021 年 3 月
关键学习素养与学科课程设计	978 - 7 - 5760 - 1208 - 8	34.00	2021 年 4 月
学校课程设计：愿景建构与深度实施	978 - 7 - 5760 - 1429 - 7	52.00	2021 年 4 月
生长性课程：看见儿童生长的力量	978 - 7 - 5760 - 1430 - 3	52.00	2021 年 4 月
"慧阅读"课程：儿童视角	978 - 7 - 5760 - 1608 - 6	42.00	2021 年 6 月
诗意栖居的课程愿景：智慧岛课程的逻辑与深度			
	978 - 7 - 5760 - 1431 - 0	44.00	2021 年 7 月
每一个孩子都是最重要的人：V - I - P 课程的内在意蕴与学科视角			
	978 - 7 - 5760 - 1826 - 4	54.00	2021 年 8 月
给每一个孩子带得走的能力：并养式课程的旨趣与探索			
	978 - 7 - 5760 - 1813 - 4	42.00	2021 年 10 月
指向核心素养的课程统整框架：I AM BEST 课程的学科之维			
	978 - 7 - 5760 - 1679 - 6	48.00	2021 年 11 月